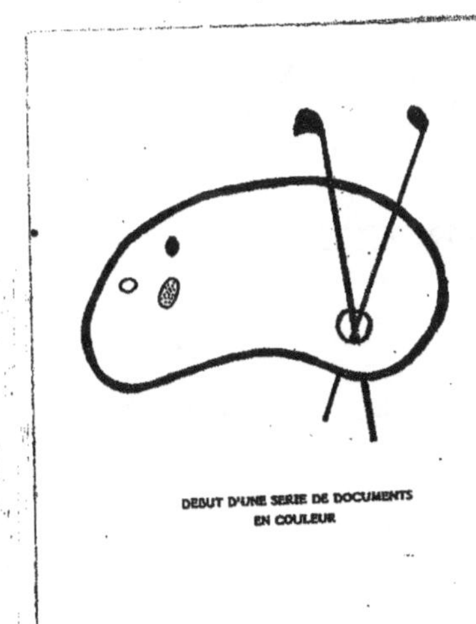

DEBUT D'UNE SERIE DE DOCUMENTS
EN COULEUR

Couverture inférieure manquante

SCIENCE ET RELIGION
Études pour le temps présent

LES
PROPHÉTIES MESSIANIQUES

PAR

M. l'Abbé de BROGLIE

Avec Préface et notes

Par Augustin LARGENT
Chanoine honoraire de Paris

—

TOME PREMIER

PARIS
LIBRAIRIE BLOUD & Cⁱᵉ
4, RUE MADAME ET RUE DE RENNES, 59
1904

SCIENCE ET RELIGION

Études pour le temps présent. — Prix 0 fr. 60 le vol.

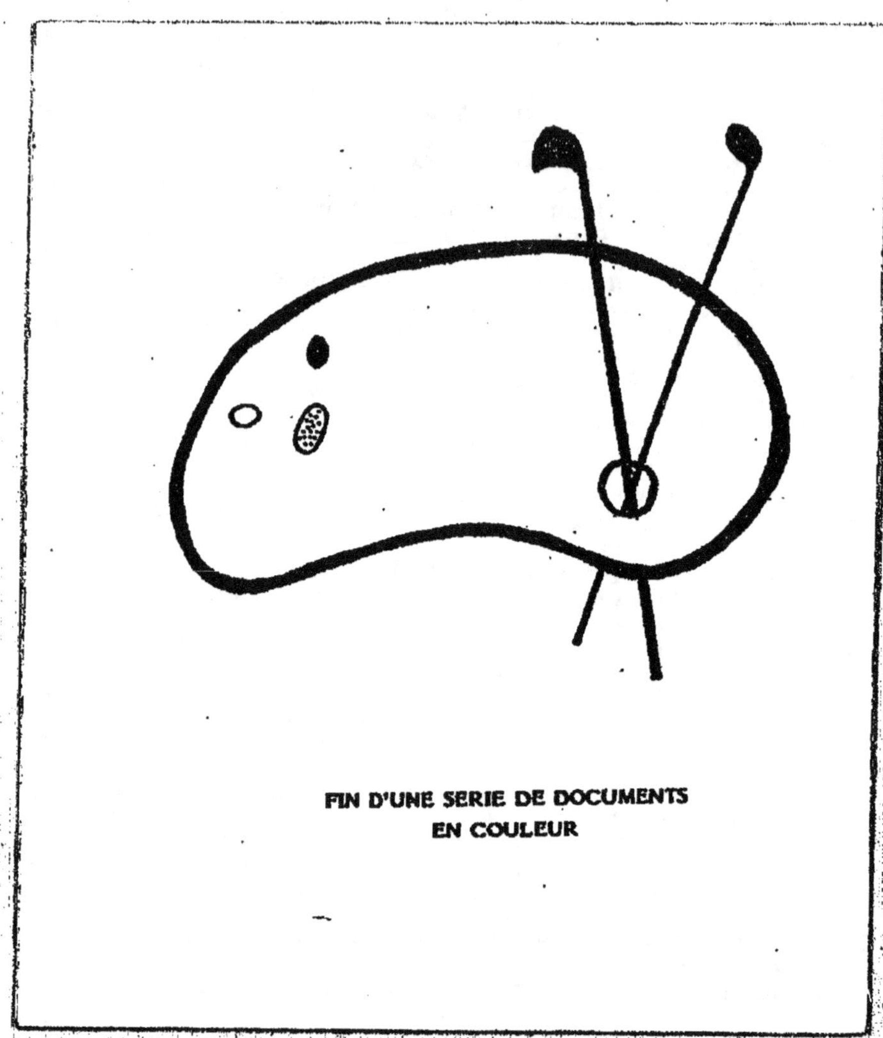

FIN D'UNE SERIE DE DOCUMENTS
EN COULEUR

SCIENCE ET RELIGION
Études pour le temps présent

LES
PROPHÉTIES MESSIANIQUES

PAR

M. l'Abbé de BROGLIE

Avec Préface et notes

Par Augustin LARGENT
Chanoine honoraire de Paris

—

TOME PREMIER

PARIS
LIBRAIRIE BLOUD & Cie
4, RUE MADAME ET RUE DE RENNES, 59
1904

Imprimatur :

Parisiis die 12ª Februarii 1904.

H. ODELIN,
             vic. gén.

PRÉFACE

Les conférences que nous publions, prononcées dans l'église des Carmes, à Paris, pendant l'hiver de 1892-1893, continuent la démonstration que M. l'abbé de Broglie avait entreprise, de l'existence et des attributs de Dieu.

« J'ai commencé par apporter ici », dit-il au début de la première conférence, « les grands et nobles arguments de la métaphysique, et par gravir, à la suite de Platon, de saint Augustin, de saint Anselme, de Bossuet, de Descartes et de Leibniz, cette route de la pensée humaine qui monte du fini à l'infini et aboutit au pied du trône de l'Etre parfait.

« A ces arguments j'ai joint des preuves historiques en montrant que le Verbe de Dieu a parlé aux patriarches et qu'il a agi dans l'histoire du peuple d'Israël, et que celui qui parle et qui agit est certainement celui qui existe.

« Aujourd'hui, j'apporte une nouvelle preuve de ces attributs de Dieu ; j'apporte, pour les démontrer, les prophéties messianiques, c'est-à-dire la prédiction faite par Dieu et gravée dans les écrits des prophètes d'Israël, de l'avènement de Jésus-Christ et de la fondation de la religion chrétienne et de l'Eglise catholique (1).

« Ces grands faits partagent l'histoire de l'humanité, et, comme on l'a dit éloquemment, avant eux tout y conduit, à partir d'eux tout en découle. Si donc je puis établir que ces grands et immenses faits

(1) Une des conférences, la huitième, traite des *Figures Messianiques* qui se trouvent dans l'Ancien Testament.

de l'histoire de l'humanité ont été prédits avec leurs circonstances, cinq ou six siècles, ou quatre siècles au moins, avant leur accomplissement, il sera certain que l'histoire de l'humanité est gouvernée par une intelligence qui voit l'avenir à travers les siècles, parce que l'avenir dépend d'elle, et, par conséquent, parce qu'elle peut tout ».

La preuve tirée des prophéties était constamment alléguée par l'apologétique d'autrefois. Bossuet, sévère pour ceux qui essayaient de l'affaiblir (1), l'a développée dans la seconde partie du *Discours sur l'histoire universelle* ; que d'âmes, à la lecture de cette œuvre presque sans égale, ont ressenti une impression de joyeuse certitude qui, par la grâce de Dieu, les a pour toujours affermies dans la foi ! Lacordaire, à son tour, a présenté la même preuve dans ses Conférences de Notre-Dame, solides non moins qu'éclatantes. M. Le Hir, défendant contre une critique effrénée l'autorité des *Prophètes d'Israël*, a écrit des pages érudites, judicieuses, éloquentes même, qu'éclaire parfois comme un rayon de Bossuet (ce jugement est du docte et regretté P. de Valroger.) Un autre apologiste plus goûté, semble-t-il, de nos contemporains, mieux écouté d'eux que Bossuet ou même Lacordaire, Newman, assigne lui aussi à la prophétie un rang éminent parmi les preuves du christianisme (2).

Et cependant, — M. de Broglie l'avoue, — cette preuve n'a point pour beaucoup d'entre nous la force persuasive que lui avaient reconnue tant de générations chrétiennes. Déconcertés par les attaques du rationalisme, de nombreux croyants désertent l'antique forteresse qui avait abrité leurs pères, et où ils ne se croient plus en sûreté ; ils se rejettent sur des preuves plus aptes, selon eux, à toucher et à convaincre les hommes d'aujourd'hui. M. de Broglie ne

---

(1) *Défense de la tradition et des Saints Pères*, P. 1, liv. III, ch. XVI, et *Dissertation sur Grotius.*
(2) *Grammar of Assent. Revealed Religion.*

dissimule pas quels motifs ont poussé à cet aban-
don. «... Les textes prophétiques sont très obscurs... Le prophète, après avoir annoncé tel fait
évangélique, glisse rapidement pour passer à d'autres sujets, et sa pensée semble s'oublier de manière
qu'on ne la saisit qu'au passage... Ces textes paraissent équivoques, et sont susceptibles d'un sens autre
que celui de la prophétie (1) ». A ces objections,
l'auteur a fait de solides et ingénieuses réponses. Oui,
les prophéties sont souvent obscures ; mais leur obs-
curité se justifie par le but que la sagesse divine se
proposait. Les textes prophétiques étaient adressés
aux générations futures ; il suffisait donc que ces
textes fussent compris par elles, et qu'ils reçussent
toute leur clarté des événements qu'ils annonçaient.
L'ont-ils reçue ? Docile à la méthode des apologistes,
mais à une méthode qu'il a su rajeunir, M. de Broglie place les événements annoncés, — faits évangéliques et commencements de l'Eglise, — en présence des prophéties où la tradition chrétienne avait
lu leur histoire anticipée. Parmi toutes ces prophéties, il en est, — et des plus importantes, — qui
sont claires ; le sens supérieur des autres se dégage
des voiles dont il avait été d'abord enveloppé. Entre les textes prophétiques et les évènements prédits,
M. de Broglie constate un accord qui s'étend jusqu'aux moindres circonstances ; et il montre que ces
merveilleuses et indéniables coïncidences ne peuvent
s'expliquer ni par le hasard, ni par les savants cal-
culs, les longues prévisions, la puissante volonté des
hommes, ni par ce qu'on a nommé de nos jours les
idées forces. Il est donc en droit de reprendre après
les plus grands maîtres et d'exposer la preuve tirée
des prophéties ; il le fait avec une érudition sobre,
avec une sincérité et une profondeur d'accent qui
émeuvent en même temps qu'elles persuadent. De
ces conférences ressort la démonstration que M. de
Broglie s'était proposée. Dieu, le Dieu vivant, y ap-

_____

(1) *Première Conférence.*

paraît avec les attributs qu'une saine théodicée proclame, et que la révélation a mis en une plus complète, plus stable et plus éclatante lumière. Il s'y découvre libre dans ses choix, mais d'une liberté éclairée par la sagesse et dirigée par l'amour ; puissant dans ses œuvres, fidèle dans ses menaces, fidèle surtout dans ses promesses, magnifique dans ses dons.

Ces conférences avaient été recueillies par la sténographie. Nous les avons revues avec un soin qui en a religieusement respecté le fond, et qui n'en a retouché la forme que le moins possible.

Augustin LARGENT.

Chanoine honoraire de Paris.

19 décembre 1903.

LES
PROPHÉTIES MESSIANIQUES

PREMIÈRE CONFÉRENCE

LA VALEUR APOLOGÉTIQUE DES PROPHÉTIES. DEUX MÉTHODES D'INTERPRÉTATION

Mes Frères, dans les deux séries de conférences que j'ai données dans cette église les années précédentes, j'ai cherché à recueillir les preuves de l'existence et des attributs du vrai Dieu, du Dieu chrétien. Aucun sujet n'est plus important à notre époque. Nous ne sommes plus au temps où la grande, bienfaisante et salutaire notion du Père céleste brillait comme un soleil sur l'horizon de la pensée humaine, et où personne, dans l'enceinte de la civilisation chrétienne, n'aurait osé la contester. Les progrès de l'athéisme, depuis le siècle dernier, sont effrayants. Dans une séance mémorable de la vieille Sorbonne, le soutenant d'une thèse théologique (malheureusement, c'était un ecclésiastique : l'abbé de Prades) énonça des propositions qui semblaient porter atteinte aux attributs du Dieu chrétien. Aussitôt quelqu'un se leva dans l'assistance et s'écria : *Causam Dei defendo contra atheistam.* Je prends en main la cause de Dieu contre un athée. L'assemblée frémit à ces paroles, et cette discussion eut un tel retentissement que l'autorité publique se crut obligée d'intervenir et d'exiler l'audacieux auteur de la thèse incriminée (1).

Aujourd'hui, ce sont bien d'autres thèses que l'on entend dans nos amphithéâtres publics. Cette idée de Dieu si salutaire est attaquée, blasphémée, raillée de bien des côtés ; et dans les écrits d'un homme qui s'est posé comme l'adversaire direct du Dieu incarné, mais qui n'était l'adversaire du Dieu incarné que parce qu'au fond du cœur il niait l'idée du Père céleste, on a pu lire cette phrase blasphématoire : « Dieu est un bon vieux mot un peu lourd » qu'il faut laisser au peuple et aux ignorants. Et pour les raffinés, pour ceux qui prétendent avoir le monopole de la science, « Dieu, c'est la catégorie de l'idéal », c'est-à-dire une chimère, une invention de l'esprit humain, quelque chose de plus faible, de plus impuissant que les idoles des païens. Et, vous le savez, cet homme entouré de la faveur publique pendant sa vie, a été honoré de funérailles faites au nom de l'État !

Jamais donc il n'a été plus nécessaire de prendre en main la cause de Dieu contre les athées. C'est cette tâche que j'ai entreprise.

J'ai commencé par apporter ici en quelques mots les grands et nobles arguments de la métaphysique et par gravir, à la suite de Platon, de saint Augustin, de saint Anselme, de Descartes, de Bossuet et de Leibniz, cette route de la pensée humaine qui monte du fini à l'infini et aboutit au pied du trône de l'Être parfait.

A ces arguments j'ai joint des preuves historiques en montrant que le Verbe de Dieu a parlé aux patriarches et qu'il a agi dans l'histoire du peuple d'Israël, et que celui qui parle et qui agit est certainement celui qui existe.

Aujourd'hui, j'entreprends d'apporter une nouvelle

____

(1) L'abbé de Prades, dans sa thèse du 18 novembre 1751, avait contesté le caractère miraculeux et, partant, la valeur apologétique des guérisons opérées par Jésus Christ. Il devint lecteur du roi de Prusse, Frédéric II. (A. L).

preuve de ces attributs de Dieu ; j'entreprends d'apporter, pour en démontrer la vérité, les prophéties messianiques, c'est-à-dire la prédiction faite par Dieu et gravée dans les écrits des prophètes d'Israël, de l'avènement de Jésus-Christ et de la fondation de la religion chrétienne et de l'Église catholique.

Ces grands faits partagent l'histoire de l'humanité, et, comme on l'a dit éloquemment, avant eux, tout y conduit, à partir d'eux tout en découle. Si donc je puis établir que ces grands et immenses faits de l'histoire de l'humanité ont été prédits avec leurs circonstances, cinq ou six siècles, ou quatre siècles au moins avant leur accomplissement, il sera certain que l'histoire de l'humanité est gouvernée par une intelligence qui voit l'avenir à travers les siècles, parce que l'avenir dépend d'elle et, par conséquent, parce qu'elle peut tout.

Seulement, cette démonstration présente, à notre époque, certaines difficultés.

La preuve des prophéties était le lieu commun de l'ancienne apologétique ; elle était enseignée aux enfants dans le catéchisme ; les chrétiens l'admettaient sans difficulté ; elle les frappait d'une manière toute spéciale, de telle sorte qu'il suffisait de leur montrer quelqu'un de ces textes des prophètes, tels, par exemple, que les textes d'Isaïe qui annoncent la Passion de Notre-Seigneur, et de les rapprocher de l'Évangile qui raconte les mêmes faits, pour produire la conviction dans les esprits. Cette preuve a été attaquée très habilement par la critique rationaliste. Elle a été attaquée à tel point que non seulement ceux qui, ne croyant point au surnaturel, repoussent d'avance toute prophétie et s'efforcent d'expliquer autrement les textes, mais que même beaucoup de chrétiens, beaucoup d'hommes qui croient aux prophéties, qui sont obligés d'y croire, car, après tout, nous chantons dans le Symbole que l'Esprit Saint a parlé par les prophètes, beaucoup d'hommes qui croient, en principe, aux prophéties, trouvent qu'il serait dangereux de trop insister sur cette preuve parce que les textes prophétiques auxquels on fait allusion sont très obscurs ; parce que le prophète, après avoir annoncé tel fait évangélique, glisse rapidement pour passer à d'autres sujets, et que sa pensée semble s'oublier de manière qu'on ne la saisit qu'au passage ; parce que ces textes paraissent équivoques et sont susceptibles d'un autre sens que celui de la prophétie.

Aussi cette tâche est difficile. Et cependant je crois devoir l'entreprendre, car je suis convaincu que cette preuve fait partie des éléments éternels de l'apologétique chrétienne ; qu'elle subsistera toujours ; que si elle s'est obscurcie aux yeux de certains esprits, c'est par suite d'un faux point de vue et d'une erreur de méthode ; qu'il est possible de dissiper ces nuages et de lui rendre tout son éclat.

Je prends comme point de départ le fait même que je viens de vous signaler, fait très étrange : comment se fait-il qu'une démonstration de la religion qui a été admise pendant tant de siècles comme ayant un caractère d'évidence et devant porter la conviction dans les esprits loyaux, qu'une démonstration qui a satisfait des hommes de toute classe, de toute nature d'esprit, et des génies tels que saint Augustin, Bossuet, Leibniz, pour ne pas parler des autres ; comment se fait-il qu'elle ait pu, à notre époque, s'obscurcir pour ainsi dire et s'évanouir aux yeux d'hommes qui sont chrétiens, qui apportent certainement beaucoup de loyauté dans l'étude de ces questions, qui regrettent même de ne pas voir dans les prophéties ce que leurs pères y ont vu ; comment cela se fait-il ? Quelque découverte historique et scientifique a-t-elle changé les bases de la démonstration ? Non, il n'y en a aucune. Ces bases sont invariables. En quoi consistent-elles, en effet ? Elles consistent, d'une part, dans l'accord entre les faits évangéliques et les textes des prophètes, et, d'autre part, dans l'antériorité des textes des prophètes ; la démonstration consiste en ceci, que ce qui s'est passé lors de la venue de Notre-Seigneur et du commencement de l'Eglise, se trouve décrit et raconté d'avance dans les écrits des prophètes. Donc il n'y a que deux choses à constater : c'est d'un côté l'exactitude de l'accord, la complexité de l'accord (car il ne suffit pas de l'accord d'un seul fait : c'est l'ensemble de cet accord qui prouve qu'il ne peut pas être fortuit), d'un autre côté, c'est l'antériorité des écrits prophétiques.

Or, d'une part, les faits évangéliques ne sont point ébranlés. Au contraire, on peut dire que plus on discute la question des Evangiles, plus on arrive à trouver que ces documents sont authentiques et dignes de foi. Il n'y a d'objections sérieuses contre les Evangiles que les objections de principe faites contre les miracles, parce qu'on ne veut pas croire aux miracles ; quant à la certitude historique des Evangiles appréciée comme on apprécie celle des livres profanes, elle est complète. Du reste, un certain nombre de ces faits, tels que la mort de Notre-Seigneur, sont attestés par les païens.

Quant aux textes des prophéties, ils ne peuvent pas être conservés mieux qu'ils ne le sont, puisqu'ils sont conservés par les Juifs, c'est-à-dire par ceux qui ne veulent pas reconnaître l'accord entre ces textes et les faits évangéliques. Les Juifs conservent ces textes ; ils avaient recueilli, ils avaient réuni, formé l'ensemble de leur canon avant l'Evangile, et ils sont tellement intéressés à n'y rien laisser introduire qui soit favorable au christianisme qu'on est parfaitement sûr que nous avons les textes mêmes qui existaient plusieurs siècles avant son avènement.

Donc, aucune partie de la démonstration ne peut être ébranlée au point de vue extérieur, au point de vue, si j'ose dire, objectif des faits et des textes.

D'où vient la différence entre nos devanciers et nos contemporains ; et pourquoi ce qui paraissait si clair aux uns paraît-il obscur aux autres ? Cela ne peut évidemment venir que d'une différence de méthode et d'une différence de point de vue dans l'examen de ces textes. Dans l'étude des prophéties, il y a une différence de méthode, il y a un point de vue différent, d'où résulte que ce qui paraissait clair aux uns paraît obscur aux autres. Et, pour revenir tout de suite au point capital de la question, je vais en quelques mots vous indiquer en quoi consiste cette différence de méthode.

Les apologistes chrétiens, tels que Bossuet, et auparavant les Pères de l'Eglise (bien que peut-être leur démonstration soit moins rigoureusement apologétique à cause de la foi qui régnait ; ils discutaient moins et ils mettaient moins de critique dans la manière d'exposer les preuves), les apologistes chrétiens partent de l'idée qu'il peut y avoir ou qu'il doit y avoir dans l'ancien Testament des prophéties relatives au Messie, relatives à l'origine du christianisme. Je dis : qu'il doit ou qu'il peut... : c'est, je crois, la différence qu'il y a entre ce qu'ont dit les Pères de l'Eglise et ce que disent les apologistes modernes. Les Pères de l'Eglise vivant dans les temps de foi supposent tout de suite que les prophéties existent, ils en ont la conviction ; les apologistes des époques dont la foi est ébranlée ne veulent point qu'on les accuse de manquer d'impartialité ; ils disent simplement : Ces prophéties peuvent exister ; l'Eglise nous dit qu'elles existent ; cherchons si elles existent.

Donc on partait autrefois de l'hypothèse qu'il y a dans l'ancien Testament des textes qui se rapportent au Messie et, pour les trouver, on commençait par se mettre en présence des faits évangéliques ; on regardait ces faits et on s'en servait comme d'une clef pour résoudre l'énigme que nous présente l'Ancien Testament. Ayant devant les yeux les faits évangéliques et cherchant les passages de cet Ancien Testament qui s'appliquent plus ou moins exactement au Nouveau, cherchant ensuite si ces passages s'y appliquent réellement, on formait ainsi une sorte d'image anticipée des faits évangéliques, en faisant converger les textes prophétiques pris dans les différents auteurs vers un même centre, c'est-à-dire vers les faits évangéliques eux-mêmes.

Voilà la méthode, et si vous voulez vous rendre compte de la puissance de synthèse des prophéties nous décrivant d'avance les faits évangéliques, lisez l'admirable œuvre de Bossuet, la deuxième partie du discours sur l'histoire universelle, dans laquelle il expose la suite de la religion et traite avec son éloquence et avec sa force d'esprit si magistrale la question des prophéties. On ne peut lire ces chapitres sans être sinon absolument convaincu, du moins très ébranlé.

Celui qui lira ces chapitres sans se dire : « Il y a là quelque chose d'extraordinaire ; il est impossible de supposer que cet accord de ces textes avec les faits soit fortuit », devra avoir l'esprit bien prévenu contre les prophéties.

Voilà la méthode ancienne.

La méthode moderne est tout opposée : au lieu de se mettre en présence des faits évangéliques, de chercher quels sont les textes prophétiques qui s'y rapportent, et de se servir de ces faits pour trouver l'explication des obscurités de l'Ancien Testament, on écarte volontairement la pensée de ces faits ; on s'efforce de les oublier ; on se transporte aux temps mêmes où vivaient, où écrivaient les prophètes ; on tâche de savoir ce que pensaient ces prophètes eux-mêmes, ce que pensaient leurs contemporains ; on s'éclaire pour cela de toutes les connaissances scientifiques et archéologiques ; on cherche... On prend les textes, les passages, en les joignant à ce qui les précède et à ce qui les suit pour découvrir quel a pu être le sens de l'auteur. C'est ainsi qu'on s'évertue à chercher le vrai sens des écrits de l'Ancien Testament, sans tenir aucun compte du Nouveau.

Cette méthode appliquée par les critiques modernes, a-t-elle détruit l'argument que Bossuet avait présenté avec tant de puissance ? Je ne le pense pas. J'espère vous montrer, dans la suite de ces conférences, que, même en appliquant la méthode moderne, il reste un certain nombre de textes qui gardent toute leur force, et qui ne peuvent s'expliquer que comme des prophéties du Nouveau Testament. Je conviens néanmoins que l'emploi de cette méthode affaiblit beaucoup l'effet de la preuve, telle qu'elle était présentée par l'ancienne méthode. Ainsi s'explique, ce me semble, l'obscurcissement, dans l'esprit de nos contemporains, de la preuve tirée des prophéties. Accoutumés aux méthodes historiques modernes, lesquelles, appliquées à des livres humains, sont de bonnes méthodes, et peuvent même être légitimement appliquées aux livres inspirés, ils ne veulent accepter que ce qu'ils ont découvert par ces méthodes. Ils rejettent comme provenant d'un système préconçu tous les résultats obtenus par la méthode des anciens apologistes : et, comme, par suite de la méthode nouvelle, bien des affirmations des anciens apologistes s'évanouissent, s'ils sont chrétiens, ils se demandent avec effroi, comment il peut se faire que le christianisme repose sur un fondement qui leur paraît ruineux.

Essayons maintenant d'apprécier les deux méthodes. Mais une étude préparatoire est nécessaire. Demandons-nous d'abord ce que doivent être, s'il en existe, les prophéties du vrai Dieu. Les faits m'apprendront plus tard s'il y a de telles prophéties ; à cette heure, je me demande seulement ce qu'elles doivent être, quelle idée on doit se former des prophéties faites par le Dieu tout puissant, par le créateur du monde pour établir la religion. Faut-il croire que, si Dieu a fait des prophéties, il les a faites pour contenter cette ardente et impatiente curiosité des hommes qui voudraient connaître l'avenir et soulever le voile mystérieux qui leur cache et qui leur cachera toujours leurs destinées futures ? Non, mes frères : il ne serait pas digne de Dieu de satisfaire cette curiosité ; Dieu ne peut pas, sans un motif très pressant, faire exception à la grande loi d'après laquelle l'homme doit toujours ignorer l'avenir. Malgré tout ce qu'ont fait les païens par leurs oracles et leurs sibylles, et ce que font de nos jours les hommes qui consultent les devins, les somnambules, pour tâcher de connaître l'avenir, ce voile ne se lève pas, et l'ignorance subsiste toujours. Mais cette ignorance est nécessaire, et certainement c'est avec raison qu'un païen, un poète épicurien dit : Loue la Providence d'avoir caché aux hommes leur avenir.

> « Prudens futuri temporis exitum
> Caliginosa nocte premit Deus ».

C'est par sagesse que Dieu a couvert l'avenir d'une nuit obscure. Que feraient les hommes, s'ils connaissaient clairement leur avenir ? Que ferait la jeunesse si, à la seule époque où elle puisse jouir d'un peu de bonheur, elle portait déjà le poids des maux futurs et des désillusions qu'elle doit rencontrer ? Que feraient les peuples, s'ils savaient que leurs efforts seront vains, et qu'ils seront vaincus ? Le découragement ne les saisirait-il pas ? Et si, au contraire, c'est le bonheur qu'on voit dans l'avenir, la certitude de le posséder ne nous ôterait-elle pas l'énergie de le conquérir, et l'homme, avec sa lâcheté naturelle, ne se contenterait-il pas de l'attendre ? Dieu ne devait donc pas et ne pouvait pas lever sans motif le voile qui couvre l'avenir aux hommes. Et pour quel motif l'a-t-il levé ? Uniquement pour fonder sa religion, pour garantir sa parole, et en même temps pour prouver sa puissance et son existence. Ici, vous me permettrez de citer à l'appui de cette vérité, la parole même de Dieu qui dit au prophète Isaïe... — C'est un défi que le vrai Dieu porte aux dieux païens : — « Qu'ils viennent, et qu'ils annoncent l'avenir ; qu'ils apportent les prédictions qu'ils ont faites afin que nous en voyions l'accomplissement ; qu'ils nous annoncent ce qui doit arriver, afin que nous reconnaissions qu'ils sont des dieux ! » (1).

Vous le voyez, le motif des prophéties c'est de faire reconnaître l'existence et la puissance du vrai

---

(1) Isaïe, XLI, 23.

Dieu. C'est pour cela seulement que le voile qui couvre l'avenir doit être levé.

S'il en est ainsi, à qui ces prophéties doivent-elles être adressées? Quand ce sont des prophéties à long terme qui traversent les siècles, comme celles qui annoncent le Messie, par qui doivent-elles être comprises? A qui doivent-elles être claires et intelligibles? Est-ce aux contemporains? Est-ce au prophète lui-même? Nullement. D'où vient, en effet, la force de l'argument tiré de ces prophéties pour justifier la parole de Dieu? Elle vient uniquement de l'accord constaté entre ces prédictions et l'événement annoncé. Tant que cet événement est encore dans les ténèbres de l'avenir, cet accord ne peut pas être constaté et la prophétie ne sert pour ainsi dire à rien. A quoi sert à l'homme de savoir ce qui se passera dans cinq cents ans? Et en quoi cela peut-il lui servir à prouver la divinité de celui qui parle? Il entend la parole, mais il n'en voit pas l'accomplissement; il ne peut pas comparer l'une à l'autre. Donc, les prophéties, en tant que prophéties, doivent être comprises par ceux qui ont vu l'accomplissement, par ceux qui ont vécu après l'accomplissement, par ceux qui connaissent à la fois la prédiction et l'événement; et il n'est nullement nécessaire qu'elles soient intelligibles auparavant.

Mais ce n'est pas tout, et, comme l'a finement remarqué un théologien protestant, le docteur Shammers, non seulement un surcroît de clarté, qui rendrait la prophétie intelligible aux contemporains, serait inutile; il nuirait à l'autorité de la prophétie. Qu'arriverait-il, en effet, si une description de l'avenir était tellement claire avant l'événement qu'on pût le connaître dans ses détails? Il adviendrait que les hommes chercheraient à le réaliser, qu'ils se serviraient de leur liberté pour accomplir ce qu'ils auraient lu dans la prophétie. On l'a dit à l'occasion des prophéties messianiques; les adversaires de l'Evangile ont prétendu que Jésus-Christ et ses apôtres, comprenant les textes de l'Ancien Testament, s'étaient efforcés de les réaliser. Cela n'est pas vrai : les apôtres ne comprenaient pas l'Ancien Testament, on le voit très bien dans l'Évangile. Sans doute Notre-Seigneur le comprenait, et ce qu'il a fait, il l'a certainement fait pour accomplir les prophéties ; mais une grande partie des actes prédits ont été accomplis par les adversaires. Néanmoins, cela montre qu'une prophétie claire et complètement intelligible avant l'événement ne produirait pas son effet, que cette clarté en affaiblirait l'autorité démonstrative. Dès lors, nous devons nous attendre à ce que les prophéties faites à long terme ne soient pas comprises ou ne soient comprises qu'incomplètement, imparfaitement, par les contemporains, et à ce qu'elles ne puissent être comprises que par ceux qui connaissent l'événement.

Or, dire cela n'est-ce pas justifier la méthode de l'apologétique chrétienne ? Que font les apologistes qui se servent de l'événement pour interpréter l'Ancien Testament ? Ils se servent des textes comme Dieu veut qu'ils s'en servent ; ils étudient la prophétie de la manière même dont elle leur est adressée. Cette prophétie devait être comparée à l'évènement, ils la comparent à l'événement : la méthode est donc ainsi justifiée.

Et quant à l'autre méthode, je ne la blâme point, car, outre le sens prophétique à long terme qui n'est compris qu'à la lumière de l'événement, il y a dans les prophètes un sens apparent, inférieur, qu'il est bon de connaître.

Dans certains cas, les deux sens se confondent plus ou moins. Souvent la prophétie s'entr'ouvre dans une certaine mesure, et le prophète y entend quelque chose. Souvent, la prophétie peut s'entendre dans un sens terrestre et dans un sens spirituel, et il y a entre les deux sens quelque chose de commun qui est compris des contemporains. D'autres fois, les contemporains ne comprennent rien, ou comprennent autre chose. Ou bien la prophétie s'applique à plusieurs événements ; ou bien, on l'applique à un événement, quoiqu'elle ait un autre événement pour objet. Il est donc utile de rechercher le sens des textes prophétiques qui fut compris par leurs auteurs, ou par les contemporains qui les entendirent ou les lurent. Une telle méthode est légitime en soi, pourvu qu'on ne nous interdise pas de rechercher, à l'aide d'une autre méthode, la pensée même de Dieu.

Ne l'oublions pas, lorsqu'on croit à l'inspiration, on voit comme deux personnages dans l'écrivain des livres sacrés : le prophète lui-même et Dieu qui l'inspire ; et il peut se faire que le prophète écrivant une parole, lui donne un certain sens, et que Dieu, par sa volonté, donne à cette parole un autre sens, sens qui ne sera compris que plus tard, lorsque l'événement aura manifesté la pensée divine.

Ainsi ces deux méthodes peuvent subsister l'une à côté de l'autre. Le tort, c'est de vouloir substituer exclusivement l'une de ces méthodes à l'autre. Et nous pouvons dire, par conséquent, que les résultats de la critique moderne sur les prophéties, même quand ils seraient tous exacts (et ils ne le sont pas, à beaucoup près !) n'ébranleraient en rien la force démonstrative qui résulte de l'étude des prophéties par l'ancienne méthode, et qu'ainsi ceux que trouble la méthode moderne, se troublent à tort et peuvent se rassurer. Les progrès de la critique et cette nouvelle étude de la Bible n'ôtent rien à la force des démonstrations qui, de tout temps, ont servi à affermir la foi des chrétiens.

Après avoir ainsi justifié dans son principe la méthode apologétique qui étudie les prophéties à la lumière de l'événement connu, je voudrais examiner plus attentivement cette méthode elle-même, en mieux faire comprendre la nature ; en montrer aussi les dangers, car cette méthode n'est pas sans dangers, comme d'ailleurs toute méthode.

En quoi consiste cette méthode ? Avons-nous la prétention d'imposer notre pensée aux textes sacrés, d'y chercher ou d'y mettre ce qui ne s'y trouve pas ?

Nullement. Nous faisons une hypothèse, nous disons : Peut-être, probablement même, car c'est une hypothèse probable et vraisemblable, il y a dans ces textes de l'Ancien Testament, comme l'ont toujours cru les Juifs, une annonce du Nouveau Testament. Nous cherchons si cela est vrai ; partant de cette hypothèse, nous tâchons de vérifier l'hypothèse par les faits, et nous cherchons si cette hypothèse sert à expliquer les textes. Agir de la sorte, c'est suivre une méthode rigoureusement scientifique. Qu'ont fait les astronomes lorsqu'ils ont imaginé l'hypothèse maintenant vérifiée du mouvement des astres ? Ils avaient devant eux un ensemble de phénomènes très complexes ; le mouvement des planètes était très bizarre, tantôt direct, tantôt rétrograde. Pour l'expliquer, on avait imaginé des systèmes très compliqués de cycles et d'épicycles. Arrivèrent Copernic et Képler qui ont donné la vraie loi du mouvement : aussitôt tout s'est éclairci ; et ensuite, partant de cette hypothèse, on l'a vérifiée par des faits. Et c'est là précisément ce que nous voulons faire nous-mêmes. De même dans les questions historiques : lorsque l'âge ou l'auteur d'un document sont incertains, on essaie une hypothèse, on suppose que le document est de telle époque, de tel auteur, qu'il a été écrit dans telle intention ; puis, on s'attache à vérifier l'hypothèse.

D'ailleurs, nos adversaires seraient bien mal venus à nous empêcher de nous servir, comme d'une hypothèse, de cette croyance aux prophéties qui est le grand et constant enseignement de la Synagogue et de l'Eglise. Eux-mêmes se servent de la même méthode pour détruire la Bible. Que sont en effet toutes leurs théories, sinon, appliquées à l'Ecriture pour en ruiner l'autorité, des hypothèses sur l'introduction du monothéisme en Israël, sur la supposition, à certaines époques, de livres présentés comme sacrés, sur des falsifications de textes, opérées pour mettre le passé d'accord avec le présent ? Des hypothèses de ce genre remplissent les ouvrages des rationalistes. Nos adversaires n'ont donc pas le droit de nous reprocher l'usage d'une hypothèse dont ils ne sauraient établir l'invraisemblance, à savoir, l'idée que les textes de l'Ancien Testament sont la prédiction du Nouveau, et, en conséquence, l'effort fait pour vérifier cette hypothèse.

J'en conviens, ce travail de vérification exige certaines précautions. Quand on vérifie une hypothèse, on est tenté de plier les faits dans le sens de sa propre pensée. Tous, savants, historiens, critiques, qui ont imaginé une hypothèse et s'y sont attachés, courent le péril de subordonner les faits à leur hypothèse. Les apologistes n'échappent pas toujours à ce danger; ils y ont même cédé plus d'une fois, mais ils peuvent toujours s'en garder.

Lorsqu'on procède de cette manière, c'est-à-dire lorsqu'on part d'une idée directrice pour expliquer des faits ou des textes obscurs, il advient de deux choses l'une : ou l'hypothèse est vraie, et les faits, ou les textes pris dans leur sens naturel, cadrent avec l'hypothèse ; ou, si l'hypothèse est fausse, faits ou textes n'entrent pas dans le cadre de l'hypothèse, ou n'y entrent que faussés et contraints. La loyauté de l'apologiste le préservera de ce danger.

Une preuve de la légitimité de cette méthode, c'est que cette méthode réussit quelquefois et d'autres fois échoue. Ces succès et ces échecs d'une méthode historique sont la garantie de sa légitimité. Une méthode qui réussirait toujours, évidemment, serait suspecte. Eh bien ! qu'arrive-t-il, lorsqu'on essaie d'expliquer les prophéties par l'événement ? Quand il s'agit de l'annonce de la vie, de la Passion, de la mort du Sauveur, et de la fondation de l'Eglise, l'hypothèse peut se vérifier. Nous le verrons au cours de ces études, et vous pouvez le voir dès à présent en lisant la seconde partie du *Discours sur l'histoire universelle* où cette vérification est présentée d'une manière très claire et très convaincante.

Prenons un autre livre prophétique, le livre de

l'Apocalypse, par exemple. Quel est le but de ce livre ? Nous ne le connaissons pas ; aucun événement jusqu'à présent n'a pour ainsi dire servi de clef pour le vérifier. Tous les efforts ont été vains. Est-ce parce qu'il prédit des événements qui ne sont point encore arrivés, ou est-ce parce que l'Apocalypse est une suite de visions destinées à encourager, à soulever les cœurs vers le bien, plutôt qu'à annoncer des événements précis ? Je ne me prononce pas ; mais il est certain que les efforts pour en donner une explication suffisante ont été vains. Et ce qu'il y a de remarquable, c'est que l'un de ces efforts, l'un des meilleurs, sans doute, a été fait par Bossuet lui-même, de sorte que, là, vous voyez le même génie appliquant la même méthode d'une part à l'Ancien Testament en prenant pour clef le Nouveau Testament, et d'autre part à l'Apocalypse en prenant pour clef la persécution de Dioclétien. Eh bien, dans un cas, la démonstration est claire, évidente, frappante ; dans l'autre, elle est très obscure, très imparfaite, elle ne contente pas ; on voit bien que l'auteur a cherché à tout prix une explication, mais qu'il n'en a trouvé aucune qui le satisfît. Donc, du fait même que cette méthode échoue quelquefois et réussit ailleurs, il s'ensuit qu'elle est légitime, car pourquoi cette différence entre l'explication des prophètes de l'Ancien Testament et celle de l'Apocalypse (de part et d'autre, c'est le même génie et c'est la même méthode), sinon parce que, dans le premier cas, les textes s'accordent naturellement avec les faits évangéliques, et, dans l'autre cas, il n'y a aucuns faits connus qui s'accordent avec les visions de l'Apocalypse ?

Entreprenons donc cette étude avec confiance. Néanmoins, avant de commencer l'étude directe des textes prophétiques, nous aurons, dans la prochaine conférence, une étude préparatoire à faire. Nous rechercherons d'abord quel a été l'effet de ces textes, c'est-à-dire que nous considérerons le grand fait de l'attente du Messie chez les Israélites. Il est certain que, pendant bien des siècles, le peuple d'Israël a attendu un Messie qui devait renouveler l'humanité ; qu'il a cru que le salut de l'humanité devait sortir d'Israël. C'est cette attente qui explique toute la vie du peuple d'Israël, même sa vie actuelle, car, s'il a été dispersé dans l'univers, s'il a été opprimé partout, c'est parce que son attente n'a pas été réalisée, ou a été réalisée autrement qu'il ne le voulait et qu'il ne le croyait, et qu'il s'est trouvé en opposition avec la religion qui sortait de lui. Et s'il a mis tant de ténacité à conquérir le monde par tous les moyens, c'est par suite de cette croyance à sa destinée qui ne l'a point abandonné. Le peuple d'Israël a donc attendu le Messie pendant longtemps. Puis, en face de ce fait, nous plaçons l'Evangile ; nous verrons alors que cette attente a été en partie réalisée et en partie trompée. Et cette étude nous conduira directement aux prophéties, car si le peuple d'Israël a attendu le Messie avec tant d'ardeur, c'est parce qu'il a lu son annonce dans les prophéties ; et s'il s'est trompé en ne le reconnaissant pas, c'est parce qu'il n'a pas compris les prophéties. Elles étaient ce qu'elles devaient être : obscures avant l'événement ; et Israël, égaré par ses passions, n'en a pas découvert le vrai sens. Nous ferons donc, dimanche prochain, l'étude de l'attente du Messie chez les Israélites.

Vous savez que cette attente du Messie est, en même temps, l'objet du culte de l'Eglise pendant ce temps de l'Avent, et vous me permettrez, en terminant, de vous dire que ces études de l'esprit doivent être accompagnées des dispositions de l'âme et du cœur ; que, pour comprendre les choses surnaturelles, les choses de Dieu, le raisonnement seul ne suffit pas, mais qu'il faut aussi la bonne volonté, et que Dieu éclaire les âmes simples plutôt que les âmes égarées par l'orgueil de leur science. En étudiant cette attente du Messie, nous nous rappellerons quels sentiments doivent nous animer. Aux derniers temps d'Israël, deux sortes de personnes attendaient le Messie. Les uns attendaient avec les sentiments d'un orgueil national exclusif, étroit, avec des idées et des passions terrestres, et le Messie n'est pas venu pour eux, ou plutôt ils ne l'ont pas reçu. D'autres, au contraire, ont attendu le Messie avec loyauté, droiture, humilité, simplicité, avec l'amour du bien et de la justice ; ceux-là l'ont vu, et ils ont eu le bonheur de reconnaître dans l'enfant de Bethléem, nonobstant l'humilité de sa crèche, le roi d'Israël, le Sauveur de l'humanité et le fondateur sur la terre du règne de Dieu.

SECONDE CONFÉRENCE

LE SENS SPIRITUEL DES PROPHÉTIES. — L'ATTENTE MESSIANIQUE

Mes Frères, je commence par rappeler en quelques mots les principes que j'ai posés dans la conférence de dimanche dernier.

L'idée fondamentale de cette conférence, c'est que le sens véritable, le sens prophétique des textes de l'Ancien Testament qui, selon la tradition chrétienne, se rapportent au Messie, ne doit être intelligible que si l'on se sert de l'événement accompli comme de clef pour expliquer l'énigme de la prophétie : en d'autres termes, ces prophéties ont dû rester obscures, au moins obscures en grande partie, jusqu'au moment où elles se sont accomplies.

Je crois vous avoir montré que cette idée résulte de la notion même d'une prophétie destinée à être une preuve de la religion, et non à satisfaire une curiosité malsaine.

De là, j'ai conclu que la vraie méthode pour découvrir ce sens prophétique et, par conséquent, pour constater s'il y a de vraies prophéties, c'est celle qu'a suivie la tradition chrétienne, et qui consiste à étudier les textes de l'Ancien Testament à la lumière du Nouveau.

J'ai reconnu néanmoins qu'il y a dans les prophéties un autre sens, un sens inférieur, quelquefois très obscur lui-même, quelquefois aussi assez clair, et qui est le sens compris par les contemporains ; et j'en ai conclu qu'il devait y avoir deux méthodes pour l'étude de ces prophéties : la méthode critique ordinaire, la méthode employée par les historiens et appliquée à toute espèce de livres ; méthode qui sert à découvrir le sens tel qu'il a été compris par les contemporains ; et la méthode apologétique qui, s'aidant de l'événement accompli, découvre le sens vraiment prophétique.

Ces deux méthodes sont légitimes, et les résultats de l'une n'infirment nullement ceux de l'autre.

Aujourd'hui, je voudrais vous montrer avec plus d'évidence ce double sens des prophéties, en étudiant un fait historique de la plus haute importance, à savoir l'attente du Messie chez les Israélites.

Cette attente a été l'effet des prophéties ; elle est le retentissement de la parole des prophètes dans la conscience du peuple d'Israël.

En étudiant cette attente en elle-même, dans son origine et dans ses conséquences, vous verrez apparaître clairement quelle est la nature des prophéties messianiques, et ce sera pour nos études ultérieures une nécessaire introduction.

Je me hâte, le sujet étant vaste, de vous exposer le fait de l'attente messianique.

Au temps de Jésus-Christ, dans le demi-siècle ou le siècle qui a précédé sa venue, à l'époque où il vivait et même dans le siècle suivant, toute la nation israélite, depuis les princes des prêtres jusqu'aux plus humbles artisans, croyait à la venue prochaine d'un grand personnage dont l'apparition devait être un immense événement. On donnait communément à ce personnage attendu le nom de Messie, et c'est pour cela que, dans la langue française, le mot de Messie est devenu synonyme d'envoyé de Dieu qu'on attend,

Mais ce n'est pas le vrai sens du mot. Il est bon de le savoir, d'autant plus que ce sens a une certaine importance pour la connaissance que nous pouvons avoir des croyances des Israélites. Messie n'est pas la traduction, c'est la transcription d'un mot hébreu *Meschiah*, et ce mot hébreu ne veut pas du tout dire : personnage attendu ; le mot *Meschiah* signifie : oint, sacré ; c'est exactement le synonyme du mot grec : *Christos* ; de sorte que, quand nous disons : *Messie*, comme quand nous disons : *Christ*, nous voulons dire : personnage oint, sacré par Dieu.

Il est bon de le savoir, d'autant plus que, dans le langage des prophètes, cette onction divine, ce sacre divin n'est pas donné spécialement aux prophètes : c'est même plutôt le sacre des rois, et le mot de : *Meschiah*, en hébreu, et de : Christ : *Christos* en grec, si nous le cherchons dans l'Ancien Testament, est appliqué souvent, beaucoup plus souvent aux rois qu'aux prophètes. Il est même appliqué aux rois païens ; Isaïe l'applique à Cyrus (1).

Donc, en disant : le Messie, nous disons : celui qui a reçu l'onction royale ; et, si nous nous rappelons que le Messie était le fils de David, nous comprendrons que, par lui-même, ce titre voulait dire : le fils de David, oint roi comme David l'a été.

Quelles étaient les idées des Israélites sur le Messie ? Nous pouvons retrouver ces idées dans l'Ancien Testament qui les reproduit très exactement.

De plus, il existe un certain nombre de documents contemporains, étrangers à l'Evangile, de livres apocryphes, tels que le quatrième livre d'Esdras ou certaines apocalypses, ou bien les commentaires rabbiniques de l'Ancien Testament, qui permettent de contrôler ce que le Nouveau Testament nous dit sur les opinions des Israélites. Or, le contrôle montre la parfaite exactitude du Nouveau Testament sur tous ces points.

______

(1) Isaïe, XLV, 1.

Quelle était donc la pensée des Israélites sur le Messie ? Il avait trois rôles : un rôle politique, un rôle doctrinal et religieux, et un rôle que j'appellerai transcendant et surnaturel.

Comme revêtu d'un rôle politique, le Messie était le descendant de David, consacré par Dieu pour rétablir la monarchie d'Israël. C'est là sa définition. Et ce qui le prouve, c'est que nous voyons dans saint Luc que, lorsque l'ange Gabriel vient annoncer à la Sainte Vierge qu'elle sera la mère du Messie, il se sert précisément de ces termes : « Vous enfanterez un fils ; il sera grand ; il sera appelé le fils du Très-Haut ; il rétablira le trône de David son père ; il règnera sur la maison de Jacob pour l'éternité » (1).

Le Messie était donc, avant tout, celui qui devait restaurer la monarchie d'Israël.

La monarchie d'Israël avait péri en l'an 586. Le dernier roi, Sédécias, avait été emmené en captivité à Babylone ; et lorsque le peuple d'Israël revint de la captivité, sous la conduite de Zorobabel, descendant de David, la monarchie ne fut pas restaurée. Depuis cinq cents ans, le trône de David était vacant, Le gouvernement fut exercé par des grands-prêtres. plus tard par des rois d'une autre race, de la race des Asmonéens, et enfin par l'Iduméen Hérode.

Le Messie devait restaurer le trône de David et, par là même, être le libérateur de son peuple, l'affranchir du joug des Romains, et lui rendre son indépendance nationale.

Voilà son premier rôle.

Ce rôle politique devait s'étendre au delà des frontières d'Israël, et suivant les croyances des Israélites, croyances appuyées sur des textes du prophète Daniel, le Messie, après avoir rétabli le trône d'Israël, devait devenir le roi du monde entier ; il établirait une monarchie universelle ; toutes les nations lui seraient soumises. Etait-ce par la force, comme conquérant, comme David ? Etait-ce par l'éclat de ses miracles,

______
(1) Luc, I, 32.

de sa sainteté, de sa sagesse, qu'il devait attirer tous les peuples ? En tout cas, il devait être le roi de tous les peuples.

Voilà quel était le rêve, si vous voulez, quelle était l'espérance, la croyance des Israélites sur le Messie.

A côté de ce rôle politique, qui, certainement, prévalait dans l'esprit des hommes simples et grossiers, se trouvait le rôle doctrinal et religieux que les gens pieux comprenaient davantage.

Le Messie devait être roi d'Israël, mais roi et prophète à la fois : David, son père, avait été roi et prophète. Prophète et le plus grand des prophètes, égal à Moïse ou même plus grand que Moïse, le Messie devait donner une loi nouvelle, faire de grands miracles, prêcher la religion, convertir le peuple, expier ses péchés, lui obtenir le pardon, l'amener au vrai culte de Dieu.

Puis ce rôle doctrinal et religieux devait aussi s'étendre aux peuples éloignés. Tous ces peuples devaient se convertir au culte du vrai Dieu ; ils devaient venir à Jérusalem chercher la vérité.

Voici ce que disait Isaïe :

« En ce temps-là, la montagne de Sion sera élevée au-dessus de toutes les montagnes et tous les peuples y viendront, et ils diront : Venons, montons à Jérusalem et demandons la lumière du Seigneur, et marchons dans ses voies, car la loi sortira de Sion et la parole de Dieu viendra de Jérusalem (1). »

Le même Isaïe, en parlant du Messie, disait :

« Ce sera la tige de Jessé (c'est-à-dire le fils de David) — qui sera l'étendard de tous les peuples (2). »

Et ailleurs, dans Isaïe encore, Dieu, par la bouche d'Isaïe, disait au Messie, son serviteur :

« C'est peu que vous soyez chargé de convertir

(1) Isaïe, ii, 3.
(2) Is., xi, 10.

le peuple d'Israël ; je vous ai établi pour être la lumière des nations (1). »

Enfin, j'ai parlé d'un rôle transcendant et surnaturel du Messie.

Ce n'était point, en effet, un roi ni un prophète ordinaire, et l'un de ses caractères, étrange autant que majestueux, c'est qu'il ne devait pas mourir ; son règne devait être éternel.

Aussi, nous voyons dans l'Évangile que, lorsque Notre-Seigneur parla à ses apôtres, pour la première fois, de sa mort et de sa Passion, ils s'écrièrent, le peuple s'écria : « Qui donc est le fils de l'homme qui doit être mis en croix ? Mais nous savons que le Messie, que le Christ demeurera toujours ! (2) »

Le Messie ne devait pas mourir, et, par conséquent, son règne devait durer à jamais. Par lui devait s'accomplir une transformation ; les choses humaines devaient passer de leur état variable et contingent à un état définitif et éternel. Il devait y avoir un jour du Seigneur, un jour où le Messie jugerait les nations, broierait ses ennemis. Les morts ressusciteraient alors ; les saints lui formeraient une cour, et les méchants seraient précipités dans la géhenne de feu.

Tout cela devait s'accomplir à la venue du Messie, et l'on passerait alors de ce royaume temporel, terrestre, dans un royaume éternel, par une transition qui n'était pas bien claire dans l'esprit des Israélites, mais d'où était certainement absente l'idée de la mort, de la Passion, de la résurrection du Sauveur.

Telles étaient les idées des Israélites sur le Messie. Il ne faut pas confondre cette attente avec ces mouvements d'opinion qu'on rencontre chez certains peuples, aux moments graves de leur existence, lorsque de grands dangers ou de grands troubles d'esprit font chercher un sauveur, et un sauveur quelcon-

(1) Is., XLIX, 6.
(2) Joan., XII, 34.

que. Non : l'attente était précise ; ce n'était point un sauveur quelconque qu'on attendait, c'était un fils de David, désigné par Dieu.

De plus, l'attente n'était pas l'effet de circonstances passagères ; elle durait depuis des siècles. Le prophète Malachie nous atteste qu'elle existait déjà de son temps, car il nous dit, quatre cents ans avant la venue de Notre-Seigneur, au moment où l'on construisait le second temple de Jérusalem, après la captivité :

« Voici, j'enverrai mon messager devant vous, dit le Seigneur, et alors il viendra dans son temple, le dominateur que vous cherchez et l'ange de l'alliance que vous désirez (1). »

Cette attente avait été patiente ; elle devint fiévreuse à la fin, dans les derniers temps, et c'est alors que parurent de faux messies, promoteurs de soulèvements politiques, qui, aisément réprimés, échouèrent misérablement.

Quel était le fondement de cette attente? Ce n'était pas un enthousiasme populaire, c'étaient les paroles des prophètes ; et non pas les paroles des prophètes contemporains, qui auraient pu, par des prédications enflammées, exciter le fanatisme du peuple : c'étaient les paroles de prophètes anciens ; car le fait était reconnu en Israël, la prophétie avait cessé. Depuis quatre cents ans, la grande voix des prophètes qui, depuis Samuel jusqu'à Malachie, n'avaient cessé de parler au nom de Jéhovah, de menacer le peuple de ses châtiments, de lui apprendre les desseins de Dieu, cette voix s'était tue. On savait à quelle date ; c'était comme une ère à partir de laquelle on comptait les époques. « Depuis le temps où il n'y a plus de prophètes en Israël (2), » dit l'auteur du premier livre des Maccabées.

Cette attente était donc fondée sur l'étude des anciennes prophéties. Ces prophéties se lisaient dans

(1) Malach., III, 1.
(2) I Mac., IX. 27.

les synagogues ; le premier venu avait droit de les commenter ; et les Israélites y fortifiaient et y ravivaient sans cesse leur croyance au Messie.

L'attente du Messie est donc un phénomène unique dans l'histoire de l'humanité. Les annales d'aucune nation ne nous présentent un peuple qui, durant des siècles, fonde sur des livres anciens l'attente d'un événement considérable, et vit dans cette attente.

Qu'est-il advenu ? L'attente s'est-elle réalisée, les espérances ont-elles abouti ?

L'histoire est là pour répondre.

Dans cette attente du Messie par les Israélites, il faut distinguer le côté doctrinal et le côté politique.

Au point de vue doctrinal, l'attente a été merveilleusement réalisée. Les Israélites, sur la parole de leurs prophètes, attendaient un prophète plus grand que tous les autres ; un fils de David qui serait la lumière des nations ; un maître qui enseignerait toute vérité ; un homme puissant par les œuvres et par les miracles, et supérieur à tous les autres hommes. Ils croyaient qu'à la parole du Messie, les nations se convertiraient au culte du vrai Dieu. Et qu'avons-nous vu, que voyons-nous ?

Nous avons vu Jésus, celui qui s'est présenté comme le Messie, appartenant à la race de David ; qu'est-il, dans l'humanité, de plus grand que Jésus-Christ ? Y a-t-il un nom supérieur au sien ? Quelle doctrine égale sa doctrine ?

Jésus domine tous les hommes. Il est grand par sa sagesse, par sa sainteté, par l'influence qu'il a exercée et qu'il exerce sur l'humanité ; par l'amour qu'il a inspiré à tant de créatures humaines depuis son apparition sur la terre ; par les principes qu'il a posés ; par cette civilisation chrétienne qu'il a fondée ; par cette merveilleuse impulsion vers l'idéal qui a soulevé les sociétés humaines et remplacé l'égoïsme d'autrefois et l'orgueil par la charité. Grâce à lui, les pauvres ont été évangélisés, comme il le disait lui-même ; le travail humble a été honoré, les plaies de

la société ont été pansées ; c'est lui qui, par ses disciples, a créé toutes ces institutions bienfaisantes,
auxquelles les rationalistes d'aujourd'hui rendent
quelquefois hommage. Qu'y a-t-il de comparable à
Jésus-Christ et à son œuvre ?

Jésus est si grand que, lorsqu'au nom de la foi, on
nous dit que Jésus n'est pas un pur homme, mais Dieu
venu sur la terre, nous n'éprouvons aucun étonne-
ment. Cette auréole divine nous paraît lui être si es-
sentielle, qu'on ne peut la lui enlever sans alté-
rer sa figure humaine.

C'est ce qui est arrivé à son adversaire. Renan,
dans sa *Vie de Jésus*, parce qu'il a ôté au Christ son
caractère divin, a été amené à laisser planer sur lui
le soupçon de folie ou d'imposture, et a ainsi dimi-
nué l'admirable beauté de son caractère humain.
Et cependant, à la dernière page de son livre,
Renan est obligé de confesser qu' « entre les fils
des hommes il n'en est pas né de plus grand que
Jésus ».

Si donc nous considérons d'abord Jésus, et ensuite
son œuvre, le monde entier illuminé par la religion
chrétienne, et les missionnaires portant dans les ré-
gions les plus lointaines et jusque dans le centre de
l'Afrique la lumière de l'Évangile, nous reconnaîtrons que les prédictions d'Isaïe et les croyances des
Israélites à un Messie religieux, à un puissant prophète qui devait éclairer toutes les nations, se sont
admirablement accomplies.

Mais au point de vue politique, l'attente d'Israël
a été complètement déçue. Les Israélites attendaient
la restauration du trône de David ; ils attendaient un
roi temporel qui, de Jérusalem, régnerait sur le
monde entier. Leur attente a été un rêve.

Les Israélites espéraient que leur nation serait à
la tête du grand mouvement messianique ; que la rénovation du monde, que la conversion des peuples
au culte du vrai Dieu, se ferait à la gloire d'Isreël.
« Mes yeux ont vu le salut qui vient de vous... lumière pour les nations et gloire pour votre peuple

d'Israël (1) », disait dans son cantique le vieillard Siméon, au moment où il reçut dans ses bras l'enfant Jésus.

Qu'est il advenu ? Les nations ont été éclairées. Jésus-Christ a brillé pour elles comme la lumière, mais ce n'a pas été à la gloire, ç'a été à la confusion d'Israël. La nation israélite, dispersée, méprisée, haïe du monde entier, a péri dans ce triomphe ; le nom de juif est devenu une injure ; et nous oublions même que le salut vient des Juifs (2) ; que Jésus-Christ était un Juif de la race de David ; que tous les apôtres étaient des juifs. Imagine-t-on une attente plus complètement déçue que ne l'a été celle d'Israël ?

La question est difficile ; pour être résolu, le problème, extrêmement compliqué, exige une trèsgrande attention, des réflexions très sérieuses. Les Israélites ont cru tout ensemble au triomphe doctrinal et religieux du Messie, et à un triomphe politique ; ils appuyaient leur double croyance sur les prophéties. Pourquoi, d'un côté, leur attente a-t-elle été si admirablement réalisée ; pourquoi, d'autre part, a-t-elle été si complètement déçue ?

On pourrait proposer une première solution du problème. Quelques personnes diront peut-être que la faute est tout entière aux Israélites ; qu'ils ont détourné les prophéties de leur vrai sens ; qu'ils ont interprété dans le sens de leur prospérité temporelle des textes qui annonçaient l'illumination du monde par la vérité.

On aurait tort de dire cela ; car, d'une part, un très grand nombre de ces textes prophétiques s'expliquent naturellement, d'après le sens propre des termes, dans le sens de la prospérité temporelle.

Il serait trop long de les parcourir, mais il suffit de lire les textes que l'Église emploie dans ses offices au temps de l'Avent ; beaucoup d'entre eux font al-

(1) Luc., II, 32.
(2) Joan., IV, 22.

lusion à une prospérité temporelle de Sion, de Jérusalem, du royaume d'Israël, et s'expliquent très naturellement par les pensées des Juifs.

De plus, il n'est pas contestable qu'avant la venue de Notre-Seigneur, l'interprétation des textes dans le sens d'un royaume terrestre et temporel ait été celle de tous les Israélites, même des meilleurs. Jusqu'à la veille de l'Ascension, les apôtres ont attendu le royaume temporel d'Israël (1).

Allons plus loin : nous lisons, dans saint Luc, le cantique : *Benedictus*, cantique prononcé par Zacharie, père de Jean-Baptiste, et prononcé, nous dit l'évangéliste, sous l'inspiration de l'Esprit-Saint. Or, dans le *Benedictus*, trouvons-nous une allusion bien claire à ce que nous voyons aujourd'hui : à une Église distincte du peuple d'Israël ; à la Passion et à la mort du Sauveur servant à racheter le monde ? Non. Dans le *Benedictus*, vous verrez certainement l'idée de la rémission des péchés, l'illumination des nations, mais vous y verrez aussi la puissance de David rétablie ; vous y verrez le peuple d'Israël sauvé de ses ennemis et de ceux qui le haïssent, et pouvant servir Dieu en paix tous les jours de sa vie : c'est-à-dire qu'au fond, parmi ces sentiments élevés et spirituels, apparaît cependant la pensée d'une restauration politique de la royauté de David, et de la paix, du bonheur qu'elle procurera aux Israélites.

Et enfin, il paraîtra étrange que, dans les paroles de l'ange Gabriel à la Sainte Vierge, nous voyions exprimée si clairement l'idée que le Messie doit restaurer le trône de David, son père.

Cela prouve qu'à cette époque tout le monde croyait à cette restauration, et que c'était là l'œuvre qu'on attendait du Messie. Et si la Sainte Vierge avait une inspiration de l'Esprit-Saint qui lui faisait entendre ce passage dans le sens spirituel, certainement elle était la seule, et toutes les personnes à

____
(1) Act. Ap., i, 6.

qui elle aurait raconté cette vision l'eussent entendue au sens où les Juifs entendaient le règne messianique.

Donc tous les Israélites ont entendu les textes de cette manière, et ils l'ont fait sans forcer les textes, parce que tel en était bien le sens apparent.

Mais que dirons-nous ? Les prophéties n'auraient-elles pas été accomplies ? Donnerons-nous raison aux Juifs qui prétendent que Jésus n'est pas le Messie, parce qu'à les en croire, il n'a point accompli les prophéties ; ou donnerons-nous raison aux rationalistes modernes qui nient toute prophétie en se fondant sur ce qu'il y a dans les Ecritures saintes des prophéties non accomplies ?

Nous ne le ferons point, mes Frères, et vous savez quelle explication nous avons de ces textes. C'est une explication ancienne : c'est celle de la tradition ; c'est celle que nous donne l'enseignement catholique. Grâce à cette explication nous pouvons chanter sans scandale les paroles des psaumes ou des prophètes qui semblent annoncer une prospérité temporelle pour le royaume d'Israël.

Vous connaissez tous cette explication : le royaume dont il s'agit, le royaume de David que devait rétablir le Messie, c'est le royaume des âmes, c'est l'Eglise. Jésus est venu sur la terre pour enseigner la vérité ; son royaume, c'est le royaume de la vérité, et Israël, cet Israël qui doit être si glorieux, c'est l'Eglise, et non pas l'Israël selon la chair, mais l'Israël selon l'esprit.

Voilà l'explication ; voilà comment nous interprétons les textes que les Juifs entendaient dans le sens d'un royaume temporel.

Cette explication est-elle une explication arbitraire ? Non. Elle a son fondement dans l'histoire, et vous me permettrez de vous l'indiquer, en reprenant le récit de ce qui est arrivé à la suite de l'attente d'Israël.

Un jour, il se passa dans le peuple d'Israël un grand événement. Ce jour nous est rappelé aujourd'hui même dans l'Evangile que nous avons lu à la messe : (1)

La quinzième année de l'empereur Tibère, Ponce Pilate étant gouverneur de Judée, et Anne et Caïphe étant souverains pontifes, la parole de Dieu descendit sur Jean, fils de Zacharie, dans le désert. En ce jour, la prophétie, qui était silencieuse depuis quatre cents ans, recommença ; aussitôt toute la nation s'émut, et l'on se dit : Voilà la prophétie qui recommence : le Messie va venir. On courut aux bords du Jourdain ; les populations reconnurent Jean-Baptiste comme prophète, et la foule reçut son baptême. Les princes des prêtres envoyèrent demander à Jean-Baptiste s'il était le Messie, s'il était celui qui devait venir, ou si on devait en attendre un autre. Jean-Baptiste repoussa le titre de Messie, et il désigna, il montra le Sauveur en disant : Voilà l'Agneau de Dieu, voilà celui qui enlève les péchés du monde.

A partir de ce moment, Jésus fut signalé à la nation juive comme le Messie, par ses miracles, par sa sainteté, par sa sagesse, par la divinité qui rayonnait autour de son auguste figure ; il entraîna des disciples.

Mais un jour vint où l'on voulut lui faire jouer le rôle du Messie, au sens où l'entendaient ses compatriotes. Qu'était-ce pour eux que le Messie ? C'était le prétendant à la couronne d'Israël. Après le miracle de la multiplication des pains, les Galiléens vinrent mettre en demeure le Sauveur de remplir son rôle ; ils voulurent le faire roi, c'est-à-dire mettre le roi d'Israël, fils de David, sur son trône légitime. Que fit le Sauveur ? Il se déroba, il s'enfuit, il se cacha, et quand on l'eût trouvé, il parla un tel langage, un langage si étonnant, si étrange, que ceux qui l'avaient ainsi poursuivi pour le faire roi s'en allèrent en disant : Il n'y a rien à faire avec cet homme. Et ainsi Jésus refusa ce rôle politique qui semblait lui être promis par les prophéties.

____

(1) Evangile du quatrième dimanche de l'Avent .

Mais plus tard, ce même rôle lui fut imputé. Lorsque les pharisiens et les princes des prêtres, inquiets de la présence de Notre-Seigneur qui leur reprochait leurs vices et leurs péchés, sentant qu'il y avait là une force surnaturelle qui les gênait, voulurent le faire disparaître et le livrer au gouverneur romain, il leur fallut une raison, il leur fallut un prétexte. La raison était facile à trouver : Jésus était fils de David ; il était le Messie : donc il était le prétendant au trône d'Israël ; il n'y avait qu'à le livrer à Pilate en disant : Voilà celui qui veut rétablir la monarchie d'Israël, et, par conséquent, renverser le pouvoir des Romains.

Et ce fut comme prétendant au trône d'Israël, qu'on livra Jésus à Pilate.

Alors Pilate, le gouverneur romain, dans son rôle de magistrat, suivant les formes de la justice romaine, commença un interrogatoire ; il fit comparaître devant lui le prévenu ; la question qu'il posa était suggérée par les accusations des pharisiens et des princes des prêtres ; il dit à Jésus : Etes-vous le roi des Juifs? Cela signifiait : Prétendez-vous au trône de David ?

La question était difficile, car, si Notre-Seigneur avait répondu : « Je ne suis pas le roi des Juifs », comme, dans la pensée de tous les Israélites, le roi d'Israël c'était le Messie ; comme le Messie était le fils de David destiné à restaurer le trône de David, dès lors qu'il n'était pas le roi des Juifs, il renonçait à son rôle de Messie.

Mais, d'un autre côté, reconnaître qu'il était le roi des Juifs, c'était tomber sous le coup des lois romaines ; c'était avouer qu'on voulait se soulever contre le pouvoir établi.

Vous savez quelle fut la réponse de Notre-Seigneur. Il répondit d'abord à Pilate en ces termes : « Mon royaume n'est pas de ce monde. Si mon royaume était de ce monde, mes serviteurs combattraient pour me défendre. Mais mon royaume n'est pas d'ici (1) ».

____

(1) Joan., xviii, 36.

Pilate fut étonné. Et cependant il insista : « Mais, puisque vous avez un royaume, vous êtes donc roi ? Êtes-vous roi ? Prétendez-vous être roi ? »

Et Jésus reprit : « Oui, vous le dites, je suis roi ; mais je suis venu sur la terre pour rendre témoignage à la vérité, et quiconque est du côté de la vérité entend ma parole (1) ».

Qu'est-ce à dire ? Je suis roi, oui, et roi du royaume de la vérité, roi dans l'ordre de l'intelligence, de la vérité, de la doctrine. Je ne suis pas roi temporel, terrestre ; je suis roi spirituel, roi des âmes.

Voilà comment Notre-Seigneur, dans ce solennel interrogatoire, a expliqué le nouveau sens des prophéties.

Ces prophéties disaient que le Messie devait vivre à toujours pour être le roi du peuple d'Israël et le roi du monde entier. Et Jésus-Christ a dit qu'il était le roi du monde entier, parce qu'il était le roi de la vérité ; et son royaume, c'est l'Eglise qui enseigne la vérité.

Et, si on eût insisté pour lui demander s'il était roi des Juifs, roi des Israélites, il aurait répondu : Oui, parce que tous ceux qui sont pour la vérité, qui entendent ma voix sont de vrais Israélites, des Israélites par le cœur, fils d'Abraham non par le sang mais par la foi.

Et c'est là la doctrine que saint Paul a plus tard développée en nous parlant des enfants d'Abraham par la foi, et en distinguant deux peuples d'Israël : l'Israël terrestre, et l'Israël spirituel ; deux Jérusalem : la Jérusalem terrestre, qui est sur le mont de Sion, et la Jérusalem céleste qui est l'Eglise (2).

Voilà l'origine de cette distinction des deux sens. Vous le remarquerez donc, pour montrer que les prophéties ont été accomplies, pour ne pas donner raison aux Juifs et aux rationalistes, nous sommes obligés d'admettre qu'il y a dans les prophéties deux

(1) *Ib.* 37.
(2) Galat., IV, 25-26.

sens, qu'elles se prêtaient à un sens temporel et qu'elles se prêtaient aussi à un sens spirituel ; et que le vrai sens, le sens spirituel, le sens chrétien, n'a été connu que lorsqu'il a été manifesté par l'événement. Car, remarquez-le bien, ce n'est pas tant la parole de Notre-Seigneur que les événements qui ont fait pénétrer dans les esprits le sens spirituel et chrétien.

Jésus avait déclaré devant Pilate que son royaume n'était pas de ce monde, et cependant les Apôtres eux-mêmes ne l'avaient pas compris. A la veille de l'Ascension, quand Notre-Seigneur leur annonça le grand mystère de la Pentecôte, la venue de l'Esprit-Saint et le devoir qu'ils auraient de prêcher l'Evangile à toutes les nations, ils s'écrièrent : Est-ce alors que vous rétablirez le royaume d'Israël (1)? Et ils ne cessèrent de croire à la possibilité de fonder ce royaume temporel d'Israël que lorsque Notre-Seigneur fut monté au ciel, et qu'ils virent que c'était impossible.

Même alors toute espérance temporelle ne s'évanouit pas. Dans les premiers temps du christianisme, l'Eglise de Jérusalem et les Juifs convertis étaient persuadés que le monde viendrait à eux ; que la nation israélite resterait le centre de la vraie religion. Pour que cette conviction disparût, pour que l'on reconnût qu'il y a deux Israël : l'Israël terrestre et l'Israël spirituel, la Jérusalem de la terre et la Jérusalem du ciel, l'assemblée des enfants qui descendent d'Abraham et de Jacob par le sang, et l'assemblée de ceux qui sont unis par la foi au Messie, fils d'Abraham, pour que cette distinction devînt parfaitement claire, et qu'elle prît la place qu'elle a dès lors occupée dans l'enseignement chrétien, il a fallu que la ville de Jérusalem fût détruite par les Romains, qu'il ne restât plus pierre sur pierre du Temple, et que la réprobation d'Israël devînt évidente.

(1) Act. Ap., i, 6.

Vous le voyez, la méthode que j'ai exposée, à savoir l'explication des prophéties par l'événement, est la vraie méthode. Elle est justifiée par ce qui s'est passé à l'occasion de l'attente du peuple d'Israël ; elle est justifiée par toute la tradition chrétienne.

Mais je vois naître dans vos esprits une objection. On va dire : Si cette explication des prophéties par l'événement consiste à supposer un sens spirituel autre que le sens littéral des textes, n'est-ce point là une explication arbitraire, et peut-on fonder sur un tel mode de démonstration une preuve de la religion par les prophéties ? Que nous, chrétiens, croyant par d'autres motifs à la parole de Notre-Seigneur Jésus-Christ, nous acceptions sur sa parole cette explication, cela se comprend ; mais comment fonderons-nous, sur une explication pareille, une preuve de la religion, qui puisse sinon convaincre les adversaires de la religion, du moins confirmer la foi de ceux qui sont ébranlés ?

Je me hâte de répondre : Oui, cette objection serait fondée si partout et toujours, le nouveau sens, le sens supérieur des prophéties, ce sens qui ne se révèle que par l'événement, était le sens allégorique et spirituel. Cela est vrai pour certains textes ; je vous les ai cités, et je me suis attaché à vous montrer que l'existence de ces deux sens est reconnue par la tradition chrétienne.

Mais il n'en est pas ainsi de tous les textes. A côté des textes qui regardent le rôle politique du Messie, qui doivent nécessairement être interprétés dans un sens spirituel, puisque ce rôle politique n'a pas été rempli, se trouvent les textes très nombreux qui annoncent d'avance le rôle doctrinal et religieux du Messie, Ceux-là sont pris dans leur vrai sens.

Puis il y a une troisième série de textes dont je n'ai pas encore parlé et qui ont été pour ainsi dire oubliés, mis de côté par les Juifs : il y a, dans le prophète Isaïe, des textes qui annoncent les humiliations, les souffrances, la mort du Messie ; il y a des textes qui annoncent la réprobation du peuple d'Israël; il y a enfin des textes qui, pris dans leur sens, vous montrent que ces textes, énumérés tout à l'heure, doivent s'entendre dans le sens allégorique.

C'est par l'union de ces différentes espèces de textes, les uns pour ainsi dire communs aux Juifs et aux chrétiens : ceux qui annoncent le ministère doctrinal et religieux du Christ; d'autres qui annoncent la royauté du Messie, fils de David, et que nous ne pouvons appliquer au christianisme qu'en les faisant passer au sens spirituel, comme Jésus-Christ et saint Paul l'ont voulu; et d'autres enfin qui sont propres, spéciaux à la défense du christianisme, et qui sont la condamnation du sens judaïque; c'est par l'assemblage de ces différents textes que nous dessinerons cette image anticipée du christianisme dont l'accord avec les faits nous prouvera qu'il y a de vraies prophéties. Ce sera l'objet de nos conférences postérieures.

Aujourd'hui, permettez-moi de terminer par une dernière réflexion.

D'après ce que j'ai dit, la conception du règne politique du Messie était commune à tous les Israélites ; tous, même les meilleurs, attendaient la restauration du trône de David. Quelle a donc été la principale différence entre les Israélites qui se sont convertis, qui ont reçu le Messie et sont devenus chrétiens, et ceux qui se sont obstinés dans le judaïsme ? Elle ne consistait pas dans leur idée du Messie : l'idée était à peu près la même ; elle consistait dans la manière selon laquelle ils s'étaient attachés à cette idée.

Les Israélites qui ont résisté à la lumière de l'Evangile, ceux qui n'ont pas voulu recevoir le Messie, s'étaient attachés d'avance à la conception d'un royaume temporel; ils s'y étaient tellement attachés qu'ils ne voulurent point s'en déprendre. Ils tinrent à cette conception au point de tout lui sacrifier, et, dès qu'ils virent que le Sauveur s'écartait de leur pensée, ils le rejetèrent.

Les Apôtres, au contraire, et les premiers discibles du Christ, avec cette même conception, avaient l'esprit plus simple, plus soumis et plus docile. Ils avaient reconnu en Jésus-Christ les caractères du Messie ; et saisis d'admiration par sa sainteté, par sa sagesse, par ses œuvres incomparables, certains qu'il était le Fils de Dieu, ils sacrifièrent leur propre pensée à son enseignement. Ils se dirent : Voilà comment nous comprenions les prophéties, mais peut-être nous nous trompions. Et, avec répugnance, sans doute, avec peine, en sacrifiant leur propre jugement, ils acceptèrent dans leur vrai sens les paroles de Notre-Seigneur. Ils avaient résisté d'abord : ils se soumirent, et l'événement leur donna raison.

N'est-ce pas ce qui se passe encore de nos jours ? Que de difficultés, que d'objections contre la foi sont venues de ce que, pareils en cela aux Juifs obstinés, nous nous étions fait de la religion une conception qui n'était pas la conception de Dieu ! Bien des personnes avaient rêvé une Eglise dégagée de tout lien terrestre ; lorsqu'elles ont vu qu'afin de pourvoir aux besoins des ministres et du culte on demandait de l'argent, elles ont abandonné une société qui ne répondait pas à leur idéal. D'autres ont imaginé une Eglise dont la sainteté exclurait de ses adeptes et de ses ministres toute faute, toute imperfection. Là où ils rencontrent le moindre scandale, ils ne reconnaissent plus l'Eglise, et ils s'en vont.

Pour d'autres, c'est la Providence qui est en cause. Dieu est juste : donc il doit châtier les méchants, il doit récompenser les bons. S'il ne le fait pas immédiatement, Dieu a tort, il n'y a pas de Dieu.

Ou bien : Dieu est bon, donc il ne doit imposer aux hommes qu'une certaine mesure d'épreuves. Si la mesure leur paraît dépassée, Dieu n'est pas bon, et, en conséquence, Dieu n'est pas. C'est imiter la conduite des Juifs, c'est se former soi-même une certaine conception de Dieu, de sa Providence, de sa religion et de son Eglise, s'obstiner dans cette conception, et tout lui sacrifier. Et, s'il arrive que Dieu ne se plie

pas à nos désirs, à notre conception, on donne tort à
Dieu.

Qu'ont fait les Apôtres ? Ils ont reconnu, ils ont
senti, à un certain jour, que Jésus-Christ était le
Messie, et dès qu'ils eurent reconnu cette autorité divine du Messie, ils se remirent entre ses
mains. Ils ont accepté tout ce qu'il voulait, même ce
qui leur répugnait le plus et qu'ils comprenaient le
moins, même l'idée que le roi glorieux d'Israël, le
fils de David qui devait régner sur les douze tribus,
et sur toutes les nations, serait cloué sur un gibet.

Il faut que nous fassions de même. Tous, à un
certain jour, nous avons eu une preuve que Jésus-
Christ est le Messie. Jésus nous a parlé, soit au de-
dans par des paroles intimes, soit au dehors par de
grands exemples de vertu et de piété ; soit par la
force du raisonnement, soit par la beauté touchante
de l'Evangile. Oui, tous nous avons une preuve de
la religion ; chacun a la sienne, car Dieu ne manque
à personne. Munis de cette preuve, connaissant ainsi
le Sauveur, nous devons nous abandonner à lui ;
nous devons lui sacrifier nos conceptions person-
nelles, et lui dire comme saint Pierre : « Seigneur,
à qui irions-nous ? Vous avez les paroles de la vie
éternelle (1) ». En agissant ainsi, nous suivrons
l'exemple des apôtres, et l'événement donnera raison à notre foi.

TROISIÈME CONFÉRENCE

LES TROIS GRANDS FAITS ANNONCÉS DANS LES PROPHÉTIES. — LES MÉPRISES D'ISRAEL.

Mes frères, en reprenant, après les fêtes de Noël,
la série de ces conférences, je crois devoir d'abord

(1) Joan., VI, 69.

rappeler en quelques mots les principes que j'ai posés.

Dans la première conférence, j'ai montré que, s'il y a réellement, dans l'Ancien Testament, des prédictions surnaturelles de l'avenir, ces textes doivent être obscurs, plus ou moins équivoques, et que le sens prophétique doit en être caché et ne pouvoir être découvert qu'à la lumière de la connaissance de l'événement accompli, ces textes étant adressés non aux contemporains, mais aux générations futures qui seules peuvent contrôler l'accord entre la prophétie et son accomplissement. J'ai ajouté qu'à côté, autour de ce sens ou de ces sens prophétiques (car ils sont quelquefois multiples) il y avait dans beaucoup d'endroits un sens apparent, extérieur, un sens compris par les contemporains, et que ce sens n'était pas le même que le sens prophétique.

De là j'ai conclu que la critique historique qui, par ses méthodes, cherche à découvrir le sens d'après la pensée des contemporains de l'auteur (quant à celle de l'auteur lui-même, c'est un phénomène psychologique où nous n'avons pas à entrer ; nous ne savons pas si le prophète a compris ou n'a pas compris ce qu'il disait) ; la critique, qui cherche à découvrir le sens d'après la pensée des contemporains, ne trouve pas le sens prophétique ; elle en trouve un autre qu'il est bon de connaître ; et les résultats de cette critique, quels qu'ils soient, ne nuisent pas à la force de la preuve apologétique.

Appliquant ces principes au grand phénomène de l'attente du Messie et aux textes prophétiques qui ont produit cette attente, j'ai montré que ces textes prophétiques avaient un sens extérieur et apparent ; qu'ils conduisaient à l'idée d'une restauration politique de la dynastie de David sur le trône d'Israël et, par là même, à l'idée de la délivrance du peuple d'Israël, soumis aux Romains. A ces idées de restauration et de délivrance, on joignait encore l'idée que le roi d'Israël, lorsqu'il aurait affranchi son peuple du joug des étrangers, prendrait sa revanche, et soumettrait au peuple juif, à titre de vassaux, tous les peuples du monde et tous les rois de l'univers.

J'ai dit que ce sens prophétique n'était que le sens apparent et extérieur ; et que le sens véritable couvert par les mêmes paroles était le sens spirituel, d'après lequel il s'agit, non pas d'une royauté politique, mais d'un empire du ciel sur les âmes ; que, par le terme d'Israël, on devait entendre non l'Israël d'autrefois, mais le peuple chrétien, et, par les termes de Sion et de Jérusalem, non pas la ville de Jérusalem située dans la Palestine, mais la vraie Jérusalem, c'est-à-dire l'Eglise de Dieu. J'ai montré que c'était l'interprétation donnée par Notre-Seigneur. Il me reste à compléter ce sujet.

D'une part, je voudrais montrer, sans m'appuyer sur les paroles de Notre-Seigneur, que cette interprétation des textes prophétiques est légitime ; que ce n'est point une altération du texte ni une invention arbitraire pour échapper aux difficultés, mais la vraie interprétation. Puis, une fois que j'aurai justifié cette interprétation, qui applique à l'Eglise les promesses qui, en apparence, s'appliquaient au royaume terrestre d'Israël, j'espère vous montrer que l'enseignement général des prophètes, qui a produit cette attente du Messie, contient des prédictions extrêmement claires d'événements qui se sont accomplis quatre, cinq ou six siècles après que les prophètes ont écrit, et que cet accomplissement est absolument surnaturel, qu'il ne peut s'expliquer que par la prescience de Dieu et sa toute-puissance.

Avant de commencer, je remercie ceux d'entre vous qui m'ont, après la première conférence, manifesté les objections ou les difficultés qu'ils avaient trouvées dans ce que j'ai dit. J'espère qu'à l'avenir ceux qui trouveraient que les principes que j'expose donnent lieu à certaines objections ou paraissent obscurs, auront la bonté de me le communiquer, soit verbalement, soit par écrit ; cette communication entre l'orateur et les auditeurs sera très utile pour le succès de cette grande œuvre de défense de la preuve tirée des prophéties.

L'attente du Messie, c'est-à-dire de ce personnage dont le nom signifie roi, sacré roi d'Israël, car c'est là le vrai sens du mot Messie : *Meschiah* en hébreu, et *Christos* en grec ; l'attente du Messie présentait aux Israélites un personnage devant jouer un triple rôle : un rôle politique, de roi d'Israël et de libérateur de la nation ; un rôle doctrinal : il devait convertir tous les peuples ; et enfin un rôle que j'ai appelé transcendant et surnaturel, pour éviter le terme propre de la théologie moderne. Ce terme est un peu étrange ; je crois cependant qu'il est préférable que je vous indique ce terme en vous le traduisant ; j'appellerai ce rôle : le rôle eschatologique, ce qui veut dire relatif aux destinées dernières de l'humanité, à la fin du monde, à la fin de toutes choses. Le Messie ne devait pas seulement être le roi d'Israël, le restaurateur du trône de David, mais il devait conduire le peuple d'Israël et l'humanité entière à leur suprême destinée. Il ne devait point avoir de successeur ; selon la pensée des Israélites, il ne devait point mourir. La mort du Messie, la mort du Christ, qui a été suivie de sa résurrection, était précisément le point des anciennes prophéties qui était voilé aux Juifs. Le Messie devait régner toujours, et il devait établir les hommes dans un état définitif de bonheur ou de malheur. Selon la croyance des Israélites de cette époque, si l'on excepte la secte des Saducéens qui ne croyaient pas à la vie future, selon la croyance de la nation entière, cette destinée dernière était ce que nous croyons comme chrétiens : c'était le partage de l'humanité en une portion fidèle qui devait jouir d'un bonheur sans fin, et une portion rebelle qui devait subir des châtiments éternels ; l'expression de la géhenne de feu, qui exprime l'enfer, n'a point été inventée par Notre-Seigneur : elle a été prise dans le langage, dans les croyances de son temps.

Donc le Messie devait, d'une part, être un roi, un

roi terrestre et temporel, suivant la pensée des Israélites ; mais, d'autre part, il devait être le roi du ciel, le roi des élus, le roi de la société des saints, et le juge qui condamne et qui précipite dans la géhenne les méchants.

Comment s'accordaient, dans la pensée des Israélites, ces deux rôles qui diffèrent et qui même semblent incohérents ? Il est difficile de le savoir. Probablement, dans l'esprit de beaucoup d'Israélites, ces idées flottaient confusément ; ils ne savaient pas bien comment les choses s'accordaient ; ils concevaient le bonheur du ciel sous la forme du bonheur terrestre et temporel, et c'est ce que semblent avoir pensé les apôtres qui demandaient à Notre-Seigneur d'être à sa droite et à sa gauche dans son royaume, c'est-à-dire d'être ses premiers ministres.

Néanmoins, pour ceux qui pouvaient réfléchir un peu, il y avait une solution ; elle consistait à supposer que ces deux rôles seraient successifs ; qu'après avoir commencé par établir son trône temporel, par restaurer le trône de David, lui, le Messie, plus tard, à un jour donné, au grand jour du Seigneur annoncé par les prophètes, ressusciterait les morts, précipiterait les méchants dans l'enfer, et établirait son royaume définitif. Telle paraît avoir été la pensée d'une partie des Israélites.

Mais il y avait un autre sens possible du même texte, sens qui leur a échappé et que nous avons adopté. Ce sens consistait à supposer qu'au lieu d'établir, entre le royaume politique et temporel et le royaume céleste et éternel une relation de succession, il y avait, entre ces deux notions, une relation de figure et de réalité ; que le royaume politique n'était destiné qu'à faire manifester aux esprits grossiers la réalité qu'ils ne pouvaient pas comprendre : celle du royaume céleste ; et que, lorsque l'on parlait, dans les prophètes, de cette restauration temporelle, c'était une manière symbolique d'indiquer le triomphe spirituel et universel du Messie.

Une telle manière de parler n'a rien de contraire

au génie oriental. L'allégorie, la parabole sont extrêmement fréquentes dans la sainte Ecriture, et nous savons que, dans le Nouveau Testament, Notre-Seigneur n'a parlé qu'en paraboles. C'était la manière de parler générale de son temps.

De plus, la parabole ou l'allégorie était si simple, sortait si naturellement des idées, qu'on se l'explique facilement.

Que faut-il faire pour transformer tous ces textes prophétiques qui parlent du royaume d'Israël, de la ville de Sion, de Jérusalem, en des termes qui s'appliquent à la béatitude du ciel? Il suffit de dire : Israël, ce sont les élus dans le ciel ; Sion et Jérusalem, c'est la cité du ciel. Mais qu'est-ce qu'était Israël? C'était le peuple choisi de Dieu, choisi pour glorifier Dieu parmi tous les peuples. Si, par sa race, le peuple d'Israël sortait de Jacob et d'Abraham, par sa vocation il était le peuple qui adore Dieu. Donc appliquer le mot d'Israël à ceux qui adoreront dans le ciel, quelle que fût leur origine, qu'ils vinssent d'Israël ou d'ailleurs, c'était pour ainsi dire ne pas s'éloigner d'un langage très naturel.

De même Sion et Jérusalem, c'était la montagne et la ville où s'élevait le temple de Jéhovah, le lieu de la terre où on l'adorait. Est-ce que le ciel n'est pas le lieu où Dieu est adoré ? Donc prendre Sion et Jérusalem dans le sens du ciel, c'est tout simplement prendre le sens élevé de ces textes, en laissant de côté le sens inférieur et grossier.

Du reste, il est possible que beaucoup d'Israélites crussent que le bonheur du ciel aurait lieu sur la terre, que Jérusalem et Sion subsisteraient, et que c'est même là que les élus seraient réunis pour adorer Dieu. Mais enfin, quelle que fût cette idée, interpréter les mots dans le sens que nous indiquons, n'a rien de contraire à la vraie logique du langage.

Nous arrivons à l'Evangile ; et nous y voyons que tout le travail de Notre-Seigneur a été de faire entrer lentement, péniblement, cette idée symbolique dans la pensée de ses apôtres et de ses disciples.

Vous avez sans doute remarqué, dans l'Evangile, ces expressions si fréquentes de : royaume de Dieu ; royaume du ciel ; évangile du royaume ; prêcher le royaume de Dieu. Pourquoi ce mot de royaume ?... Parce que le Messie était roi ; parce que la royauté était le caractère du Messie ; parce que le Messie était le roi d'Israël, et que c'est sous la forme de cette royauté d'Israël que la bonne nouvelle devait apparaître au monde. Mais observez que Notre-Seigneur prend soin d'expliquer ce langage ; ce n'est pas le royaume d'Israël seulement, c'est le royaume de Dieu ; c'est le royaume des cieux. Il reprend l'expression de royaume, il la relève en disant : le royaume des cieux. Il l'a fait par ses paroles, il l'a fait même d'une manière plus profonde et plus haute quand il a dit : « Le royaume de Dieu est au-dedans de vous », le royaume de Dieu, c'est la paix du cœur, c'est l'union avec Dieu.

Mais s'il l'a fait par ses paroles, il l'a fait aussi par ses miracles et, en particulier, par le grand miracle de la Transfiguration. Les apôtres avaient pressé de questions Notre-Seigneur ; ils lui avaient dit : Quand établirez-vous votre royaume ? Montrez-nous ce royaume que nous attendons.

Et alors il leur dit : « Il y en a parmi vous qui ne mourront point qu'ils n'aient vu le Fils de l'Homme venant dans son royaume » (1). Il les conduisit alors sur le Thabor, et là, quand ils virent le Sauveur au-dessus de la terre, le visage tout éclatant de lumière, et auprès de lui les prophètes de l'ancien temps, Moïse et Elie, les apôtres furent tellement transportés qu'ils eurent l'idée que ce royaume du ciel était quelque chose de transcendant, et leur esprit alors put entrevoir une différence entre le royaume du ciel et le royaume terrestre qu'ils attendaient. Et cependant ils ne comprirent pas encore. Ils ne comprirent même pas après la résurrection ; et, la veille même de l'Ascension, ils demandaient

____

(1) Matth., xvi, 28 ; Marc, viii, 39.

encore à Notre-Seigneur quand il rétablirait le royaume d'Israël : tant il est vrai qu'il a fallu la lumière de l'événement pour les pousser dans le sens spirituel qui était le vrai sens des prophéties, mais qui était le vrai sens, parce que l'événement ne faisait que révéler ce qui était caché dans les prophéties.

Quand cela fut arrivé, quand le Seigneur, remonté au ciel, fut devenu invisible aux apôtres, ceux-ci durent renoncer définitivement à l'espérance de le voir établir le royaume temporel d'Israël. Les esprits se tournèrent vers le royaume du ciel, mais non pas tous, cependant. Aux premiers siècles de l'Eglise, la croyance à un futur royaume temporel du Christ subsista chez un certain nombre de chrétiens. C'est l'erreur du millénarisme qui croyait s'appuyer sur un passage de l'Apocalypse (1), et espérait que le Christ reviendrait ici-bas pour y régner à Jérusalem sur les Juifs, ou pour y régner sur le monde en roi temporel. Cette erreur fut repoussée, sans être d'abord officiellement condamnée (2) ; et l'esprit des chrétiens se porta tout entier vers l'idée que le vrai royaume était le royaume du ciel. Seulement on croyait encore que ce royaume serait très prochain ; dans le premier siècle de l'Eglise, tous attendaient ce qu'ils appelaient la *parousie* : la présence, l'apparition, l'*apocalypsis*, la manifestation du Sauveur. On espérait voir le retour du Christ avant de mourir, et saint Paul, sans donner aucun enseignement positif, en disant même que l'époque de l'avènement du Sauveur est inconnue, parle cependant comme si lui et ses auditeurs devaient voir le Christ revenir (3). C'est à ce royaume du ciel, qui devait se manifester avec éclat comme au Thabor, que l'on appliquait alors les paroles des prophètes.

(1) Apoc, xx, 4.
(2) V. l'ouvrage du P. Lescœur, de l'Oratoire : *Le règne temporel de Jésus-Christ, Etude sur le millénarisme.* Paris, Douniol, 1868 (A. L.).
(3) I Thess. iv, 14-17.

Mais le temps s'écoula, il fallut, non pas renoncer à cette espérance, car cette espérance est toujours la nôtre, mais l'ajourner. Et alors on s'aperçut que les mêmes paroles des prophètes qui s'appliquaient à l'Église triomphante, pouvaient aussi s'appliquer à l'Église militante ; que, de même qu'on avait passé du peuple d'Israël terrestre, qui était la préparation de l'Évangile, à la Sion céleste qui est le terme définitif de toutes les prophéties, on pouvait revenir en arrière de l'Église triomphante et appliquer à l'Église militante ces mêmes termes d'Israël, de Sion et de Jérusalem qui avaient été déjà appliqués à l'Église du ciel. Tout cela se fit par un même travail, par une même interprétation parfaitement légitime, parce qu'au fond, comme Israël est le peuple choisi de Dieu, tous ceux qui sont choisis de Dieu et qui marchent vers le ciel sont le véritable Israël ; et comme Sion et Jérusalem sont le lieu où Dieu était adoré autrefois, Sion et Jérusalem désignent l'Église qui est le vrai tabernacle où Dieu est adoré aujourd'hui.

Vous voyez donc que cette interprétation, bien qu'elle se soit produite lentement, et seulement par l'effet des événements, comme je l'avais annoncé, est cependant parfaitement légitime, et que nous pouvons accepter comme le vrai sens des prophéties le sens spirituel tel que je viens de le définir.

Il me reste maintenant à accomplir la plus difficile partie de ma tâche. Jusqu'à présent, je n'ai fait, pour ainsi dire, que préparer les voies à la démonstration de l'existence des prophéties. Pour faire cette démonstration, j'avais commencé par résumer en trois points le grand enseignement des prophètes relatif au Messie et à l'Église. Le premier point, c'est l'annonce d'un personnage surnaturel, transcendant, miraculeux, divin, d'un prophète supérieur à tous les prophètes, d'un homme supérieur à tous les hommes, d'un législateur suprême venu du ciel pour enseigner l'humanité. Voici quels titres Isaïe donne à ce prophète, sept siècles avant l'ère chrétienne. Il parle d'un petit enfant qui sera donné (c'était l'enfant de Bethléem), et il dit : « Il sera appelé l'Admirable, l'Ange du grand Conseil, le Dieu fort, le Père du siècle à venir » (1). Rien de plus grand que ces titres. Malachie l'appelle le Dominateur (2) ; enfin les prophètes voient en lui un homme au-dessus de tous les hommes. Voilà le premier point.

Le second point de l'enseignement des prophètes, c'est que les nations se convertiront à la religion du Dieu d'Israël, du Dieu d'Abraham et de Jacob. Quelquefois Isaïe les représente venant à Jérusalem (et là, il faut l'entendre d'une manière spirituelle) pour apporter leurs hommages au vrai Dieu ; d'autres fois, il nous montre les missionnaires partant vers les îles lointaines pour y porter le culte de Jéhovah, et il nous dit : « Parmi les nations, Jéhovah prendra ses prêtres et ses lévites » (3). C'est la conversion de tous les peuples au culte de Jéhovah.

Enfin le troisième point, c'est celui sur lequel nous avons tant insisté : l'établissement sur la terre d'un empire du Christ, l'empire du Messie, empire universel qui comprend toute la terre, et empire spirituel.

Ces trois grandes prédictions ont-elles été accomplies ? Ont-elles été accomplies surnaturellement par la puissance de Dieu ? Telles sont les deux questions auxquelles nous avons à répondre.

A la première question, la réponse est bien facile : La terre a-t-elle vu un personnage unique, transcendant, surnaturel, miraculeux, attirant l'admiration, imposant l'adoration ? Oh ! demandez-le à l'Évangile. Regardez, écoutez les apôtres saisis de stupéfaction après les paroles de Notre-Seigneur, et ses ennemis eux-mêmes disant : « Jamais homme n'a parlé comme cet homme ! (4) ». Regardez quelle impression profonde

(1) Isaïe, IX, 6.
(2) Malach., III, 1.
(3) Isaïe, LXVI, 21.
(4) Joan., VII, 46.

cette personnalité du Sauveur a produite dans les esprits ; comment elle les a, pour ainsi dire, écrasés par sa grandeur, lorsqu'il a paru dans le monde.

Au témoignage des contemporains joignez le témoignage de tous les siècles chrétiens. Appelez ici tous les docteurs, tous les saints, tous les grands génies qui se sont prosternés le front contre terre en contemplant Jésus-Christ ; qui ont trouvé que l'admiration n'était rien, que seule l'adoration répondait à la grandeur de sa figure. Et vous savez, je l'ai déjà dit ici, que, lorsqu'on veut enlever à cette figure son auréole divine, on la fausse nécessairement et on la détruit ; que les adversaires ne peuvent point présenter un Christ véritable qui ne soit pas le Christ adorable ; et alors même qu'ils le mettent au dessus de tous les hommes, en ne le faisant pas Dieu, ils le font autre qu'il n'est réellement, autre qu'il n'apparaît à l'humanité.

Son action dans le monde est, d'ailleurs, bien évidente. Les sociétés humaines reposent sur sa doctrine. C'est lui qui a fait entrer dans les législations des peuples cette grande loi du mariage unique et indissoluble ; dans la morale, cette loi du pardon des injures, inconnue partout ailleurs en dehors du Christianisme. C'est lui qui a fondé tout l'esprit public, qui a pénétré, qui a imbu de son Evangile toutes nos sociétés créées par lui.

Voulez-vous invoquer un autre témoignage ? Le Sauveur nous a dit lui-même, lorsqu'on voulait faire taire ceux qui l'acclamaient, au jour des Rameaux : « Si ceux-ci se taisent, les pierres crieront (1). » Eh bien ! les pierres ont crié. Oui, les pierres de nos cathédrales, les pierres de nos églises de village, les pierres de ces édifices du Moyen Age qui attestent la foi de ceux qui, au prix de tant de sacrifices, les ont bâtis, ces pierres aussi ont crié. Enfin, aujourd'hui, dans notre société qui semble incrédule, dans notre France officielle où l'on blasphème Dieu tous

_____

(1) Luc, xix, 40.

les jours, n'y a-t-il pas, sur les hauteurs de Montmartre, des pierres qui crient et qui disent : « La France reste chrétienne ; la France se repent et se consacre au Sacré-Cœur ; la France reconnaît la souveraineté du divin Sauveur ! » Et cela dix-huit siècles après sa venue ici-bas ! Ne venez donc pas dire qu'il n'a point paru sur la terre un personnage réalisant la grandeur du personnage qu'annonçait Isaïe.

Les peuples se sont-ils convertis au Dieu d'Israël ? Peut-on contester ce fait ? Dites-moi donc ce que sont devenus les dieux des peuples païens, ces dieux objets d'un culte public, pompeux, ardent, passionné. Nous le savons ; ces dieux dont le culte pénétrait toute la vie des païens, vie sociale, vie de famille, vie publique, ces dieux auxquels s'associait l'idée de la Patrie ; ces dieux de Rome et de la Grèce : Jupiter, Vénus, Mercure, Bacchus ; ces dieux de l'Egypte : Ammon, Phta ; ces dieux de la Syrie : Astarté, Baal, tous ces dieux, que sont-ils devenus ? Où sont-ils ? Cherchez-les dans le monde. Il reste de ces dieux leurs noms, qui ont été les ornements de notre poésie ; leurs statues qui décorent nos jardins et nos musées, rien de plus ; si l'on trouve encore quelque part l'idolâtrie, c'est dans la portion inférieure de l'humanité, celle qui recule devant la lumière de l'Evangile. Le seul Dieu qui soit adoré dans le monde, c'est le Dieu d'Abraham, d'Isaac et de Jacob.

Il y a quelques années, lors de l'Exposition de 1889, on a bien essayé de restaurer un petit culte païen, mais il a fallu prendre le culte de Bouddha, c'est-à-dire d'un personnage qui n'a pas voulu être dieu, qui s'est donné comme philosophe. Mais au Dieu véritable, au Dieu d'Israël on n'a point osé opposer un autre Dieu.

La prédiction du prophète s'est donc accomplie, et les missionnaires sont allés aux îles les plus éloignées ; récemment, sous l'influence d'un grand évêque français (1), ils ont pénétré jusque dans le centre

(1) Le cardinal Lavigerie.

de l'Afrique. Voilà donc une prophétie accomplie.

Enfin, peut on douter que l'empire du Christ sur les âmes existe ? Mais qu'est-ce que c'est donc que cette Église catholique dont tout le monde s'occupe, soit pour la louer, soit pour lui obéir, soit pour la combattre, soit pour la renverser ? Qu'est-ce donc que cette force jugée si grande que, chaque jour, on cherche de nouveau à la détruire ? A qui sont érigées de nos jours ces statues qui se dressent sur nos places publiques ? A des libres-penseurs, à des hommes qui ont prétendu affranchir l'esprit humain du joug de Jésus-Christ. Cet empire a donc existé, et tous les efforts que l'on tente prouvent qu'il existe encore.

Quand, au commencement de ce siècle, l'homme peut-être le plus grand qui ait paru sur la terre comme génie militaire et politique, l'homme qui a conquis l'Europe et restauré aussi la société française, a voulu relever les débris qu'il trouvait sous ses pieds, qu'a-t-il fait ? Il est allé chercher un vieillard pauvre, faible, dépourvu de toute force matérielle, dont le prédécesseur était mort emprisonné ; et parce que ce vieillard était le vicaire du Christ, le vicaire du Messie, parce qu'il gouvernait l'empire du Messie, Napoléon l'appela à travailler avec lui à restaurer la société française ; il fit ainsi alliance avec l'empire du Christ. Direz-vous que cet empire n'existe pas ?

Cette alliance, il est vrai, on veut la détruire de nos jours, mais ne sent-on pas que, si on pouvait la détruire, tout s'écroulerait, tout s'effondrerait dans la société ? Et qu'est-ce qui soutient la malheureuse France dans ses calamités, en présence de perspectives si tristes ? Quelle est sa principale ressource ? C'est la prière, c'est la bénédiction, c'est la protection du Souverain Pontife, du vicaire du Messie sur la terre. Vous voyez donc, ici encore la prophétie s'accomplit.

Il nous reste à voir si cet accomplissement est surnaturel. C'est là le dernier point.

Peut-être beaucoup d'entre vous ont déjà tiré la

conclusion dans leur esprit. Mais je ne veux pas qu'on aille si vite, et, pour que la démonstration soit complète, il faut chercher, bien chercher s'il y a quelque explication naturelle de cet accord entre les trois grandes paroles des prophètes sur la personne du Messie, sur la conversion des peuples et sur l'établissement de l'Église, et les faits qui sont sous nos yeux.

D'abord je ne pense pas que vous prétendiez attribuer cette coïncidence au hasard. Le hasard peut servir à expliquer de petites coïncidences, de petits faits ; mais, quand il s'agit de grands faits de ce genre, quand il s'agit de la longue prédiction des prophètes, qui a animé toute la pensée, toutes les croyances du peuple d'Israël et qui a fait la loi de sa destinée ; quand il s'agit de la religion chrétienne, qui a orienté la destinée de l'humanité entière et créé la civilisation moderne, on ne peut dire que de tels faits sont arrivés par hasard. Laissons de côté cette explication.

Y a-t-il eu, de la part des prophètes, une prévision humaine ? Ont-ils pu prévoir ces faits ? Leur a-t-il été possible, avec une grande perspicacité d'esprit, de voir cet avenir devant leurs yeux ? Je ne pense pas qu'on ose le soutenir. Prévoir la venue, la naissance d'un grand personnage comme le Messie, six siècles à l'avance, c'est évidemment impossible. C'est Dieu qui fait naître les grands hommes à l'heure qu'il a fixée ; personne ne peut les créer, personne non plus ne peut savoir quand ils naîtront. Lorsqu'ils surgissent, c'est, sous l'apparence du hasard, la Providence qui se manifeste ; et la prévision eût été impossible. Qui aurait prédit, qui pouvait prédire, il y a cent cinquante ans seulement, la naissance de Napoléon ? Et prédire que l'homme incomparable, le Messie, naîtrait du peuple d'Israël et de la race de David, le pouvait-on ? Les prophètes pouvaient-ils au moins prévoir que tous les peuples se convertiraient au culte du Dieu d'Israël, et qu'un grand empire spirituel s'établirait sur la terre entière ? Réfléchissez, je vous en prie, à ce qu'était la puissance du Dieu d'Israël au temps où les prophètes ont parlé. Quand Isaïe écrivait ces grandes choses sur la conversion des nations, tous les peuples de l'univers étaient païens. Il n'y avait d'adorateurs du vrai Dieu que dans le royaume de Juda. Le royaume des dix tribus était déjà tombé dans l'idolâtrie ; deux tribus, Juda et Benjamin, représentant la valeur d'un département français, et entourées des immenses monarchies païennes de la Chaldée et de l'Égypte, seules, dans le monde entier, adoraient le Dieu d'Israël. Même dans le royaume de Juda, le culte de Jéhovah était-il sans mélange ? Là même, on rencontrait le paganisme, des idoles adorées sur les hauts lieux, des chapelles élevées par Salomon aux dieux païens (elles ne furent détruites que par Josias). — Même, dans le temple, à certains moments, on a placé des idoles ; et les prophètes, avec la minorité fervente de la nation, luttaient contre le paganisme intérieur ; et c'est dans ces circonstances que les prophètes auraient pu prévoir que ce Dieu, dont l'action paraissait si faible, qui ne conservait pas même l'adoration d'un petit peuple, deviendrait le Dieu du monde entier ! Non, aucune explication humaine n'est possible.

On a cependant essayé de donner une autre explication, laquelle repose sur une théorie aujourd'hui très répandue, la théorie de l'évolution. Voici à peu près comment on se sert de cette théorie pour expliquer l'accomplissement des prophéties. D'abord, on dit que, dans le peuple d'Israël, le prophétisme apparaît comme un phénomène nouveau : D'où sortait-il ? D'une cause, sans doute, mais d'une cause aveugle, inconsciente, inconnue. Il a paru des hommes, des prophètes d'Israël qui se sont représenté le Dieu national d'Israël, le Dieu Jéhovah, le Dieu d'un peuple, comme le Dieu unique, le Dieu du monde entier, le Dieu créateur. Ils ont conçu le monothéisme. Pourquoi ? comment ? on ne le sait pas.

Ils ont imaginé que ce Dieu était le Dieu créateur, ils en ont conclu qu'il triompherait dans le monde, et ils ont espéré ce triomphe. Puis, comme le temple consacré à Jéhovah était le temple de Jérusalem, où régnait la race de David, et qu'on croyait à la perpétuité de cette race, ils ont supposé que ce serait un descendant de David qui accomplirait cette grande chose. Mais comment peut-on expliquer cet accomplissement? Ah! c'est bien simple. Quand une chose est dans les esprits, il est naturel qu'elle passe dans les faits. Au XVIIIe siècle, il y avait dans les esprits, dans la littérature, tout un ensemble de tendances à des réformes. Eh bien, les tendances ont abouti, les idées se sont traduites dans les faits. La pensée des prophètes a donc pénétré l'âme du peuple, elle s'est développée, elle a grandi, et enfin, un jour, cette pensée a éclaté au dehors: il s'est trouvé un personnage qui y a répondu, qui s'est attribué les titres que les prophètes donnaient au descendant de David; qui a accompli les prédictions des prophètes, au moyen de l'impression produite par une influence, laquelle provenait des prophètes eux-mêmes.

Voilà l'explication. Voulez-vous me permettre de la reprendre point par point? Ce ne sera pas long.

Et d'abord, le point de départ est bien fragile, car enfin, pourquoi, dans le peuple d'Israël seul, y a-t-il eu des prophètes croyant au vrai Dieu, croyant au Messie? En quoi ce peuple différait-il des autres? Par la race, il était frère des Iduméens; de même aussi par tradition; même origine, même climat: donc même destinée, si l'on admet le principe de l'évolution, c'est-à-dire la loi du déterminisme qui fait que les mêmes causes produisent les mêmes effets. Pourquoi donc, tandis que les peuples voisins d'Israël ont eu des nabis, des devins, des espèces de prophètes qui jouaient à peu près le rôle de nos somnambules, le peuple d'Israël a-t-il eu des prophètes qui ont proclamé cette grande doctrine du monothéisme, qui ont enseigné une morale très pure, et dont les successeurs ont prêché l'Evangile et remué le monde par leur parole? Pourquoi cela? Qu'on le dise! Il n'y a pas de réponse dans l'évolutionnisme. La seule et vraie réponse est celle que donne la Bible : c'est que Dieu est un être souverain ; souverainement maître et souverainement libre; il a choisi celui qu'il a voulu : « J'ai choisi Jacob et j'ai rejeté Esaü (1) ». J'ai pris ce peuple-là, aussi mauvais que les autres, plus mauvais peut-être, plus cupide, plus grossier, plus sensuel, plus avare, moins capable de la vérité que d'autres, je l'ai pris parce que je l'ai voulu ; j'ai mis la vérité dans ce peuple, et je lui ai envoyé mes prophètes. Voilà la seule explication du prophétisme. Toute autre est vaine dans son point de départ. Et quant au point d'arrivée, il n'est pas plus solide. Comment explique-t-on que certains ordres de croyances, de désirs, de pensées, d'aspirations, arrivent à se traduire au dehors dans les faits? Cela se fait généralement par un progrès croissant et continu. On voit ces idées se développer ; ces idées acquièrent une plus grande influence sur un plus grand nombre d'esprits ; des tentatives de les réaliser échouent d'abord, puis recommencent, et par une sorte d'effervescence, de bouillonnement, elles finissent par faire passer l'idée à l'état de fait. Est-ce ce qui s'est passé pour les prédictions des prophètes relatives au Messie, à la conversion des nations et à l'établissement de l'Eglise? Demandons la réponse à l'histoire. Les prophètes qui ont annoncé ces grandes vérités ont parlé vers le septième, le sixième, le cinquième siècle avant Jésus-Christ. Puis la série des prophètes s'arrête. A partir de Malachie, il y a eu interruption jusqu'à Jean-Baptiste. Je sais bien que certains écrivains supposent une prophétie intermédiaire : celle de Daniel ; ils la mettent plus tard qu'elle n'a eu lieu. Mais enfin ce n'est pas ce que disent les Juifs, car nous avons un témoignage très précis : le livre des

____

(1) Malach. 1, 2, 3.

Macchabées qui a été écrit avant Jésus Christ, un peu après l'époque de la rénovation nationale d'Israël par les Macchabées, parle de l'époque depuis laquelle on n'a pas vu de prophète. C'est une ère pour les Juifs : « Il n'y a rien eu de pareil depuis le temps où un grand prophète a paru dans Israël (1) ». Et le même livre dit, en parlant de certaines questions de rituel : « On laissa la chose suspendue jusqu'à ce que vînt un prophète fidèle (2). » Donc, selon la croyance des Israélites, il y a eu un intervalle de quatre cents ans durant lequel la prophétie s'est tue. Connaissez-vous un mouvement d'opinion créé par une croyance et par une pensée, arrêté pendant quatre cents ans par un silence complet, et reprenant ensuite sa force ? Cela est-il naturel ? Pendant ce temps, remarquez-le, la croyance du Messie a subsisté dans le peuple d'Israël, mais elle n'a pas produit cette effervescence, ce bouillonnement que produisent les croyances qui passent à l'état de fait. Durant ces quatre cents ans, il n'y a eu aucun faux Messie, aucune tentative de réaliser l'espérance messianique, et cependant il s'est passé de grands événements : il y a eu la persécution d'Antiochus Epiphane et la révolte des Macchabées. Tout cela s'est fait par des moyens humains, sans penser au Messie ; les faux messies n'ont paru que très peu de temps avant Jésus-Christ. Le peuple attendait, mais attendait quelque chose qui viendrait du ciel, et non de la terre. Ce n'est donc pas un mouvement populaire qui s'est traduit en fait.

Allons plus loin et cherchons ce qui s'est réellement passé dans l'esprit, dans les mœurs du peuple d'Israël pendant ce long silence des prophètes. Qu'est-il survenu pendant ce temps ? Il est survenu dans l'esprit du peuple une grande déviation de la pensée des prophètes. Les prophètes annonçaient une religion spirituelle, élevée, un culte du cœur, un culte qui exigeait avant tout l'amour de

(1) I Macc., ix, 27.
(2) I Macc., iv, 46.

Dieu et la justice. Dieu disait par leur bouche : « Les holocaustes ne m'ont pas plu. Je demande des hommes justes ; soyez purs, soyez chastes, protégez l'orphelin, rendez justice à l'opprimé, chassez l'iniquité de vos cœurs, chassez-la de vos cités, et alors vous m'immolerez des victimes. Mais, si vous venez avec des mains impures, je ne vous recevrai pas ». C'est donc un culte élevé qu'enseignaient les prophètes.

Pendant les quatre cents ans, le peuple d'Israël est tombé dans le ritualisme étroit, dans le fanatisme des petites cérémonies, dans l'hypocrisie du pharisaïsme ; il a faussé la pensée des prophètes. Les prophètes annonçaient la conversion des nations et, par là même, ils parlaient d'une religion qui les attirerait à elle et qui les recevrait dans son sein. Or, pendant ces quatre cents ans, le peuple d'Israël s'est confiné dans un exclusivisme jaloux ; il s'est séparé de tous les peuples ; il les a considérés comme impurs ; il les méprisait, il était méprisé d'eux ; il a établi des barrières infranchissables entre lui et le reste du monde.

Enfin, cette attente du Messie, dans la pensée des prophètes, avait sans doute le caractère d'une attente politique, mais, dans leurs textes, on voit apparaître, sous ces enveloppes grossières d'une restauration politique, toutes les lumières de l'Evangile, toute l'idée du royaume céleste, ce vrai royaume de Dieu. Le peuple d'Israël, au contraire, pendant ces quatre cents ans, s'est attaché exclusivement à la lettre des prophètes, au sens grossier, à la restauration politique ; il en a embrassé l'idée avec ardeur, il l'a saisie avec obstination ; il s'y est attaché de manière à ne pas y renoncer.

Aussi, lorsque Jésus-Christ vint accomplir l'annonce des prophètes ; lorsqu'il est venu renouveler leur enseignement, il a trouvé contre lui, à l'état d'obstacle pour ainsi dire invincible, tout ce courant d'opinion produit par les prophètes. Au lieu d'être porté par ce courant, comme cela fût arrivé s'il eût été en présence d'idées se développant naturellement, il a dù lutter contre ce courant, et il a triomphé par sa mort en résistant, en ayant comme adversaires tous ceux qui étaient imbus de l'enseignement faussé des prophètes.

Et qu'est-il advenu encore ? Lorsqu'il a fallu faire triompher dans le monde cette nouvelle religion ; lorsqu'il a fallu que le culte du vrai Dieu se répandît dans l'univers, les Juifs n'y ont été pour rien, ou, du moins, il n'y a eu qu'une minorité de Juifs qui ont commencé. Ce sont les peuples païens que saint Paul a prêchés, parce que les Juifs repoussaient l'Evangile ; ce sont les Grecs, les Romains, les Syriens, les Asiatiques, qui ont adopté cette religion et qui l'ont portée aux extrémités de l'univers. De sorte que les prophéties ont été accomplies non pas par ceux qui y croyaient, mais par ceux qui les ignoraient ; la religion chrétienne a été combattue par ceux qui lisaient constamment les prophètes, et c'est ce que déclare Isaïe, dans les paroles si remarquables que cite saint Paul. Dieu dit : « J'ai été trouvé par ceux qui ne me cherchaient pas, et je me suis manifesté à ceux qui ne m'invoquaient pas ». Voilà pour les païens. Et pour les Juifs, voici ce qu'il dit : « J'ai étendu mes mains toute la journée vers un peuple incrédule et rebelle (1). » Et ainsi, vous le voyez, bien loin que cette idée des prophètes ait passé dans les faits par un développement naturel, elle n'a passé dans les faits qu'en luttant contre l'action même des prophètes, et par une puissance divine. Cela est encore exprimé dans une autre prophétie, dans les psaumes : « La pierre que ceux qui bâtissaient ont rejetée est devenue la pierre de l'angle (2) ». Le Christ, c'est la pierre que ceux qui bâtissaient, que les Juifs ont rejetée, et qui est devenue la pierre de l'angle de nos sociétés. Et remarquez que le psalmiste ajoute une autre phrase par laquelle nous terminerons. Après avoir

(1) Rom., x, 20, 21 ; Isaï. lxv, 1, 2.
(2) Ps. cxvii, 22.

indiqué ainsi ce fait si étrange, que les prophéties ont été accomplies par ceux qui ne les connaissaient pas, malgré la résistance de ceux qui les connaissaient, il ajoute : *A Domino factum est istud.* « Cela a été accompli par le Seigneur. » Non, l'évolutionnisme n'explique pas cet accomplissement des prophéties; l'évolutionnisme échoue, et il faut recourir à Dieu, à son action, à sa prescience, à sa toute-puissance, pour expliquer comment ces choses se sont passées. Elles se sont passées contre le cours naturel des choses, par la puissance divine : *A Domino factum est istud.* Et le psalmiste ajoute : *et est mirabile in oculis nostris* ; et la merveille est sous nos yeux ! Oui, cette merveille est sous nos yeux ; nous la voyons, nous la contemplons. Nous voyons, en effet, devant nous ces deux peuples sortis des prophéties : le peuple juif et le peuple chrétien ; ils sont sous nos yeux ; ils luttent ensemble, et leur lutte est, en ce moment, arrivée à une période de crise. Il y a donc deux peuples sortis d'une même souche, deux religions sorties d'un même tronc. Toutes deux sortent des grandes prophéties d'Israël, mais l'une a pris ces prophéties à contre-sens ; de là la grande lutte entre les Juifs et les Chrétiens. Et, dès lors, cette merveille est sous nos yeux, et, par conséquent, nous sommes obligés d'en chercher la cause. En présence de cette lutte, nous n'avons pas le droit de demeurer indifférents : nous devons chercher d'où vient l'opposition entre le Judaïsme et le Christianisme ; et si nous cherchons, nous trouverons que l'opposition vient uniquement de la double interprétation de ces mêmes prophéties. Nous reconnaîtrons que l'interprétation chrétienne est absolument surnaturelle, et qu'il n'y a aucune manière humaine d'expliquer comment cette triple pensée des prophètes : la venue d'un grand personnage comme le Messie, la conversion des nations, et l'établissement de l'Eglise, a pu être produite par l'action même des prophètes, puisqu'il y a eu un intervalle de quatre cents ans entre le dernier des prophètes et l'accomplissement des prophéties ; puisque ceux qui ont écouté les prophètes ont résisté à l'accomplissement même de leur parole.

Remercions Dieu, mes frères, de nous avoir ainsi donné ces grandes preuves de la religion. Disons avec le psalmiste : « Vos témoignages, Seigneur, sont infiniment croyables (1) » ; et, dans les peines de la vie, dans les découragements, dans les troubles où notre foi pourrait être ébranlée, rappelons-nous ces grandes promesses de Dieu qui se sont accomplies. S'il nous semble que Dieu est long à accomplir ses promesses, rappelons-nous que, pendant quatre cents ans, les Israélites ont attendu l'accomplissement de la promesse du Messie, et disons après le psalmiste, avec une confiance qui ne sera jamais trompée, si nous y persévérons : « Le Seigneur est fidèle dans toutes ses paroles et juste dans toutes ses œuvres : *Fidelis Dominus in omnibus verbis suis et sanctus in omnibus operibus suis* (2).

QUATRIÈME CONFÉRENCE

LES PROPHÉTIES INCOMPRISES. — LES SOUFFRANCES DU MESSIE. — LA RÉPROBATION D'ISRAEL

Dans la conférence de dimanche dernier, nous avons fait faire un grand pas à notre démonstration. Nous sommes sortis des préliminaires ; nous avons bien défini notre méthode et nous avons pu commencer à l'appliquer.

Nous avons d'abord fixé nos regards sur trois grands, sur trois immenses faits de l'histoire religieuse de l'humanité : sur l'apparition dans le monde de la personne miraculeuse, transcendante, adorable de Notre-Seigneur qui a attiré à lui les regards de

(1) Ps. xcii, 5.
(2) Ps. cxliv, 13.

tous les siècles, l'adoration de tous les chrétiens, et qui a produit dans l'humanité une impression à nulle autre pareille ; puis la conversion de tous les peuples païens de l'antiquité au culte du Dieu du peuple d'Israël, l'établissement dans le monde de cette croyance au Dieu unique, créateur, invisible, laquelle est la seule religion des peuples civilisés, qui lutte, parmi ces peuples, contre l'athéisme ; enfin l'établissement sur la terre du royaume perpétuel, éternel et universel de la sainte Église catholique.

Nous avons reconnu que ces trois faits sont clairement annoncés dans les prophètes d'Israël au moins quatre ou cinq siècles d'avance, et que cette prédiction ne peut s'expliquer par le hasard, ni par la prévision humaine, ni par une sorte d'évolution de la pensée, ni par l'influence que la croyance en la prédiction aurait pu avoir sur les événements futurs.

Aujourd'hui, je continuerai en complétant ce tableau anticipé de l'avenir que nous trouvons dans les prophètes, et je chercherai les traits de ce tableau que n'étaient pas attendus, par le peuple d'Israël. Ainsi que je vous l'ai exposé, cette attente a été admirablement réalisée en partie dans ces trois faits que je viens d'expliquer. Elle a été trompée en ce qui regardait les espérances de bonheur terrestre et de gloire humaine que les Israélites joignaient à tort à l'idée du Messie. Par là même, ils ont écarté certains traits de la prophétie qui leur étaient voilés ; ils n'en ont pas tenu compte. Ce sont ces traits que nous allons chercher aujourd'hui dans les prophètes ; et nous reconnaîtrons que, si le christianisme, lorsqu'il a apparu dans le monde, a été à la fois très semblable à ce qu'attendaient les Israélites, puisqu'il y a entre l'attente et la réalité des traits communs très frappants que nous avons dessinés, mais aussi très différents de ce qu'ils attendaient, ces différences étaient prévues et annoncées par les prophètes. Et nous commencerons par le plus grand, le plus frappant, le plus important de tous ces traits, par la Passion et la mort de Notre-Seigneur.

Le Messie n'est pas seulement le Christ, c'est-à-dire le roi d'Israël, sacré roi d'Israël et roi des âmes, mais il est aussi Jésus, le Sauveur. C'est sous ce nom béni que nous l'adorons aujourd'hui dans l'office de l'Église (1), ce qui veut dire qu'il n'est pas seulement roi, prophète de Dieu, mais Sauveur. Et comment est-il Sauveur ! Il n'est pas sauveur à la manière des libérateurs humains ; il ne l'est même pas à la manière d'un personnage qui porte le même nom et qui, sous certains rapports, a été la figure de Jésus-Christ, à la manière de Josué qui délivra les Israélites en conquérant par la force la terre de Chanaan. Il est Sauveur en étant victime. C'est par sa mort qu'il a racheté et effacé nos péchés ; c'est par ses souffrances et ses humiliations qu'il a triomphé, et, s'il règne sur un trône glorieux, s'il est adoré dans le monde entier, il est arrivé à ce trône en passant par la mort, et par une mort infamante, en passant par un gibet ; ou plutôt, ce qui a été plus merveilleux dans son triomphe, c'est qu'il a transformé ce gibet même en signe de gloire, et qu'il en a fait la marque de ses élus. C'est le côté de la vie et de la mission de Notre-Seigneur le plus important peut-être de tous. Est-il annoncé par les prophètes ?

Isaïe va nous répondre. Voici ce que nous lisons dans le prophète Isaïe sept siècles avant Jésus-Christ. Et alors même que certains critiques voudraient n'y voir qu'une continuation qui daterait du ve ou du vi^e siècle, qui serait du temps de Cyrus, cette prophétie serait encore au moins antérieure de six siècles à Jésus-Christ. Isaïe parle d'un serviteur de Dieu, d'un serviteur de Jéhovah dont il dit qu'il est appelé à être le Sauveur du peuple d'Israël, et, en même temps, la lumière des nations. C'est donc bien le Messie qu'il a en vue ; ce sont les caractères du Messie qu'il décrit. Ecoutons le prophète : « Voici que mon serviteur prospérera, il montera, il s'élèvera très haut. De même qu'il a été pour plusieurs un sujet de stupéfaction, tant son

____

(1) Dans la fête du Saint Nom de Jésus.

visage était défiguré, tant son aspect différait de celui des autres hommes, de même il sera un sujet de joie pour beaucoup de peuples. Devant lui, les rois fermeront leur bouche, car ils verront ce qui ne leur avait point été raconté et apprendront ce qu'ils n'avaient point entendu. »

Vous voyez là déjà l'humiliation du Sauveur défiguré, et puis sa gloire qui sort de ses humiliations.

Maintenant voici qui est plus clair encore : « Il s'est élevé, il a grandi comme une faible plante, comme un rejeton qui sort d'une terre desséchée. Il n'avait ni beauté ni éclat pour attirer nos regards. Quand nous l'avons vu, il n'avait rien qui nous parût désirable. Il fut méprisé et abandonné des hommes, homme de douleur et accoutumé à la souffrance, homme dont on détourne ses regards. Nous l'avons dédaigné, nous n'avons fait de lui aucun cas. Cependant il a porté nos souffrances, il s'est chargé de nos douleurs. Nous l'avons considéré comme puni, frappé de Dieu et humilié, mais il était blessé pour nos péchés et brisé pour nos iniquités. Le châtiment qui donne la paix est tombé sur lui, et c'est par ses meurtrissures que nous sommes guéris. Nous étions tous errants comme des brebis et chacun suivait sa propre voie, Jéhovah, l'a frappé pour l'iniquité de nous tous ; il a été maltraité parce qu'il l'a bien voulu ; il n'a point ouvert la bouche ; semblable à un agneau qu'on mène à la boucherie, et à une brebis muette devant ceux qui la tondent, il n'a point ouvert la bouche. Il a été enlevé par l'oppression, par le jugement inique. Qui racontera sa vie, car il a été retranché de la terre des vivants et frappé pour les péchés de mon peuple ; il a mis son sépulcre parmi les méchants, son tombeau parmi les riches et les orgueilleux. Il n'a cependant fait aucun mal, il n'y a eu aucune fraude dans sa bouche. Il a plu à Jéhovah de le briser par la souffrance. Après avoir livré sa vie en sacrifice pour le péché, il verra sa postérité, il prolongera ses jours, et l'œuvre de Dieu sera entre ses mains. Délivré des tourments de son âme, il verra son œuvre ; par sa sagesse, mon serviteur justifiera beaucoup d'hommes et se chargera de nos iniquités. C'est pourquoi je lui donnerai part avec les grands, il partagera le butin avec les puissants parce qu'il s'est livré lui-même à la mort et qu'il a été mis au rang des malfaiteurs, parce qu'il a porté les péchés de beaucoup d'hommes et qu'il a intercédé pour les coupables (1) ».

En lisant cette admirable page, peut-on réellement croire qu'elle a été écrite avant l'Evangile ? Ne semble-t-il pas qu'elle soit comme un écho du récit de la Passion que nous avons dans les quatre évangélistes ? Et si ce texte était trouvé par hasard dans un livre inconnu dont on ignorerait la date, n'y verrait-on pas la méditation d'un chrétien ayant lu son évangile et exprimant les sentiments que lui inspire le grand mystère de la Rédemption ? Et cependant il est certain que ce texte est dans le prophète Isaïe et qu'il est conservé non par des chrétiens, mais par les Juifs qui précisément ont repoussé, ont rejeté l'Evangile à cause de la Passion du Sauveur et de sa mort ignominieuse qu'ils n'ont pas voulu accepter. Il est certain que ce texte est dans la Bible des Juifs, et j'ajoute que, lorsque nous le traduisons, nous le traduisons de sa langue originale, l'hébreu, comme on traduit les autres langues, après avoir pris les leçons des rabbins ; ce sont eux qui nous ont appris à le traduire ; ce sont eux-mêmes qui nous ont enseigné la langue. De sorte que vous voyez qu'il y a là quelque chose d'admirable et de parfaitement certain comme prophétie.

Ce texte cependant n'est pas isolé, il y en a d'autres.

Vous remarquez que, dans ce texte, on lit que Notre-Segneur a été mis au rang des malfaiteurs, — comparé à Barabbas.

Mais ici voici un autre texte d'Isaïe, un autre passage qui précède :

« Jéhovah, m'a ouvert l'oreille et m'a parlé, je

____

(1) Isaïe, LIII.

n'ai pas résisté ; je ne me suis point retiré en arrière ; j'ai livré mon dos à ceux qui me frappaient et mes joues à ceux qui m'arrachaient la barbe. Je n'ai pas dérobé ma personne aux ignominies et aux crachats (1). »

Vous voyez encore une scène de la Passion.

Dans le prophète Zacharie, nous trouverons un passage étrange, un peu mystérieux, mais qui cependant est bien clair pour ceux qui connaissent l'Evangile ;

« Je répandrai sur la maison de Jacob et sur les habitants de Jérusalem un esprit de grâce et de prière, ils tourneront leurs regards vers moi, celui qu'ils ont percé, et ils pleureront comme on pleure un premier-né (2). »

Vous voyez la conversion des Israélites fidèles qui se sont convertis à la parole des apôtres. Et remarquez : « ils tourneront leurs regards vers moi, celui qu'ils ont percé ; » il y a même là implicitement l'affirmation de la divinité du Messie.

Et, dans un autre prophète, se trouve ce passage :

« Epée, lève-toi sur mon pasteur, sur l'homme qui m'est uni, dit le Seigneur. Frappe le pasteur, et les brebis seront dispersées (3). » C'est le passage que Notre-Seigneur s'est appliqué au moment où ses apôtres l'ont abandonné (4).

Dans le prophète Daniel, nous trouvons une prophétie que nous étudierons avec plus de soin dans la prochaine conférence, parce que c'est celle qui fixe la date de la venue du Messie. Mais ici je me borne seulement à montrer que Daniel nous parle du Messie comme sauvant l'homme du péché et comme mis à mort. Voici ce qu'il dit :

« Soixante-dix semaines ont été fixées pour abolir la transgression, mettre fin au péché, expier les iniquités, amener la justice éternelle, sceller la vision et la prophétie et oindre le saint des saints. »

(1) Isaïe, L, 5-6.
(2) Zacharie, XII, 10.
(3) Zacharie, XIII, 7.
(4) Matth, XXVI, 31 ; Marc, XIV, 27.

Voilà l'annonce du Messie.

Et un peu plus loin, il dit : « Après sept semaines, le Messie sera retranché, sera mis à mort ». Et il ajoute : « Puis un peuple viendra qui détruira la ville et le sanctuaire (1) ». C'est l'annonce de la ruine de Jérusalem qui a suivi la mort de Notre-Seigneur.

Nous avons enfin des prophéties de la Passion, dans le livre des Psaumes. Le livre des Psaumes n'est pas tout entier de la main de David. Des psaumes ont été écrits plus tard, mais tous formaient comme la littérature pieuse des Israélites ; les psaumes étaient leurs chants religieux, comme ils sont aussi les nôtres. Or, dans ces psaumes, se trouvent un très grand nombre de passages où l'auteur, quel qu'il soit, faisant parler un autre personnage, se plaint de souffrances, d'humiliations, d'angoisses terribles, attribuant quelquefois ces souffrances à ses péchés, d'autres fois se disant innocent et frappé par Dieu. Et, parmi ces psaumes qui ont été appliqués par la tradition catholique au Messie criant lui-même et exposant ses souffrances (certaines traditions disent que Notre-Seigneur prononçait les paroles de ces psaumes pendant sa Passion), parmi ces psaumes, il y en a quelques-uns qui sont extrêmement clairs et où se trouvent marquées les circonstances de la Passion. Je vais vous citer deux de ces psaumes qui sont de David. Au psaume XXI nous lisons :

« Je suis un ver de terre et non un homme, l'opprobre des hommes et l'objet du mépris des peuples. Tous ceux qui me voyaient se moquaient de moi, ils m'injuriaient et secouaient la tête : Il espère en Dieu, que Dieu le délivre puisqu'il l'aime ! »

Et vous savez que ce sont précisément les paroles que les pharisiens prononçaient au pied de la croix en insultant Notre-Seigneur.

« De nombreux taureaux sont autour de moi ; ils ouvrent contre moi leur gueule, semblables au lion dévorant. Je me suis répandu comme l'eau qui

_____
(1) Daniel, ix, 24-26.

s’écoule et tous mes os se séparent ; mon cœur est comme la cire, il se fond dans mes entrailles ; ma force se dessèche comme l’argile, et ma langue s’attache à mon palais ; vous m’avez conduit jusqu’à la poussière de la mort, car les chiens m’environnent, une bande d’adversaires rôdent autour de moi ; ils ont percé mes mains et mes pieds, ils ont compté tous mes os ; ils m’observent, ils me regardent, ils ont partagé mes vêtements et jeté le sort sur ma robe. »

C’est ce qu’ont fait les soldats romains au pied de la croix.

Et remarquez qu’à la fin de ce psaume, il est parlé aussi de la conversion des nations, ce qui indique toujours que c’est le Messie qui parle.

Au psaume LXVIII :

« Sauvez-moi, ô mon Dieu, car les eaux menacent de m’engloutir, j’enfonce dans la boue sans pouvoir en sortir ; je suis tombé dans un gouffre, les eaux m’inondent, car c’est pour toi que je supporte l’opprobre, que la honte couvre mon visage, que je suis devenu comme un étranger pour mes frères, car le zèle de ta maison m’a dévoré, les outrages de ceux qui t’insultaient tombent sur moi ; j’attends de la pitié, mais en vain, je ne trouve pas de consolateur ; ils m’ont donné du fiel comme nourriture ; pour apaiser ma soif, ils m’abreuvent de vinaigre. »

Vous le voyez, cet ensemble de textes venant se grouper autour du texte capital d’Isaïe, qui a été nommé le cinquième évangéliste, tant le chapitre cité plus haut est comme le récit exact de la Passion ; cet ensemble de textes montre qu’il y avait dans les prophéties l’annonce de la Passion et de la mort de Notre-Seigneur. Et cependant les Juifs n’ont pas voulu voir dans ces textes ce qui s’y voit si clairement. Non seulement ils n’ont pas voulu le voir d’avance, mais ils n’ont même pas voulu le voir après l’événement ; et quand les apôtres leur montraient ces textes en les comparant à ce qui s’était passé sous leurs yeux à Jérusalem, ils refusaient de croire. Pour quoi cela ? Quelle était donc la cause de cette résistance, de cette obstination ? C'était d'abord la persuasion où ils étaient que le Messie devait être un roi glorieux, un triomphateur. Ils étaient pénétrés de cette idée que le Messie était le roi d'Israël, le fils de David, qui restaurerait son trône, et ils attachaient au titre de Messie l'idée de gloire. Aussi, quand on leur parlait d'humiliations, d'abaissements, de souffrances, de mort, ils protestaient : « Cela est impossible ; cela ne se peut pas ; le prophète se contredirait ! » Ces humiliations et ces souffrances leur paraissaient absolument contraires à l'idée qu'ils avaient conçue du Messie.

Il y avait aussi une autre raison plus profonde : c'était le scandale que causait dans leur âme orgueilleuse, attachée aux choses de la terre, le spectacle de la Passion. Nous, chrétiens, nous sommes habitués à considérer la Passion avec respect, avec amour, avec adoration ; nous admirons le crucifié. Tout s'est transformé par la foi. Mais avant l'Évangile, et, même de nos jours, pour ceux qui sont complètement étrangers à la foi, ce spectacle a quelque chose qui répugne à l'âme. Il faut bien se rappeler ce que c'était que la croix. La croix était le supplice des esclaves, le supplice des hommes méprisables. Quand un citoyen romain était condamné à mort, on le décapitait pour qu'il ne fût pas crucifié. On trouvait sur les routes des gibets où les esclaves révoltés, où les hommes vils étaient attachés ; le mépris faisait taire la pitié. Tous ces outrages infligés à Notre-Seigneur dans la Passion répugnaient tellement à la pensée des Juifs, qu'ils ne pouvaient pas s'y accoutumer. Du reste, cette répugnance a duré même après l'Évangile, non seulement chez les Juifs qui se sont obstinés à repousser l'Evangile à cause de ce scandale de la croix, mais dans beaucoup de sectes chrétiennes : les sectes qu'on a appelées docètes, supposaient que le Christ n'avait qu'un corps fantastique ; les sectes gnostiques supposaient que le Christ avait disparu un peu avant la crucifixion pour être remplacé par un fantôme ou par un autre personnage. L'idée que le Fils de Dieu pouvait souffrir n'entrait pas dans leur esprit. On a retrouvé très récemment un livre qu'on appelle *Evangile de saint Pierre,* livre apocryphe qui contient un récit de la Passion, fait au second siècle de l'ère chrétienne, et attribué faussement à saint Pierre (1). Dans ce récit de la Passion, il y a l'indication que le Christ n'a pas pu souffrir, qu'il n'a souffert qu'en apparence ; on écartait du Christ l'idée de souffrance, tant cette idée était odieuse aux hommes de ce temps. Du reste, cette répugnance même s'est manifestée d'une façon extérieure. De nos jours, nous adorons le crucifix, mais, dans les catacombes. vous ne trouvez pas de crucifix : l'idée de la souffrance d'un Dieu était si difficile à accepter qu'on ne la représentait pas. Vous trouvez le Bon Pasteur, des figures de Notre-Seigneur, mais le crucifix n'apparut que beaucoup plus tard, quand les esprits se furent accoutumés à supposer l'idée des souffrances du Messie. Les Juifs, ne voulant pas accepter cette idée de la Passion, imaginèrent toutes sortes de systèmes pour expliquer la prophétie qui l'annonçait. Quelques-uns supposèrent qu'il y avait deux Messies (supposition contraire aux prophètes, lesquels ne parlent jamais que d'un seul Messie) ; ils en voulaient un qui fût glorieux et un autre qui fût humilié ; et nous voyons une trace de cette pensée dans une parole que les Juifs prononcèrent lorsque Notre-Seigneur leur annonça le mystère de la Passion. Un jour, Notre-Seigneur leur dit : « Et

(1) Il a été découvert, pendant l'hiver de 1886-1887, à Akmîm, dans un tombeau de la Haute-Egypte. « Il n'apporte, » écrit Mgr Batiffol « aucun élément nouveau à l'histoire évangélique, mais est un repère pour l'histoire de l'altération du souvenir par la légende, et une précieuse attestation de la très primitive autorité des quatre évangiles canoniques... Le crucifiement présente quelques traits de docétisme... L'évangile selon saint Pierre doit dater de la première moitié du IIe siècle » (*Anciennes littératures chrétiennes. La littérature grecque,* p. 37, Paris).

moi, quand je serai élevé de la terre, j'attirerai tout à moi ». Élevé de la terre, c'était presque la parole d'Isaïe qui disait : « Mon serviteur s'élèvera très haut ». Mais Notre-Seigneur faisait comprendre sa pensée, et les Israélites ne s'y trompaient pas ; élevé de terre, cela voulait dire : être élevé en croix, élevé sur un gibet. Et alors que répondirent-ils ? « Mais nous savons que notre roi, que le Christ demeurera toujours ; qui donc est ce fils de l'homme qui doit être élevé sur la croix (1) » ? Ainsi ils ne pouvaient pas croire qu'il parlât vraiment du Messie qui devait durer et régner toujours glorieusement. Qui donc est ce fils de l'homme qui doit être crucifié ?

D'autres supposèrent que toutes ces paroles du prophète Isaïe s'appliquaient non pas au Messie, mais à quelque prophète, à Isaïe lui-même, ou bien à Jérémie qui a été mis en prison, à des prophètes qui ont été martyrisés par leurs ennemis. Et nous trouvons encore la trace de cette parole dans un fait de l'Evangile. Un ministre de Candace, reine d'Ethiopie, prosélyte juif, était venu faire ses dévotions à Jérusalem, et s'en retournait, sur son char, dans son pays, lisant le prophète Isaïe. Soudain, le diacre saint Philippe, conduit par l'Esprit-Saint, se rencontra sur la route même où passait ce ministre, qui lui demanda de s'asseoir à son côté, sur son char. Le ministre dit alors à Philippe : Je ne comprends pas ce que dit le prophète ; de qui parle-t-il, de lui-même ou de quelque autre? Il ne pensait même pas qu'Isaïe parlât du Messie. Il cherchait à appliquer ce passage à un prophète quelconque. Et Philippe lui annonça la Passion, et l'Ethiopien fit arrêter son char pour recevoir le baptême (2).

D'autres docteurs Juifs eurent une autre pensée : ils essayèrent d'appliquer ces textes d'Isaïe non pas à un personnage, mais au peuple juif tout entier, et d'y voir la peinture des souffrances de ce peuple mené en captivité à Babylone. Mais c'était une pure

(1) Joan., xii, 34.
(2) Act. Ap., viii, 27-38.

imagination, puisqu'on lit dans le texte que le personnage de la prophétie a été livré pour le peuple, pour son peuple. Or, le peuple ne pouvait pas être livré pour lui-même. Il est dit que c'est par ses meurtrissures que nous sommes guéris, et jamais le peuple d'Israël n'a voulu se livrer pour un autre peuple. Rien de plus contraire à toutes les idées des Israélites. En outre, jamais on n'a vu dans aucun prophète, dans aucun des textes de l'ancien Testament, qu'un simple homme ou un peuple ait pu obtenir le pardon des péchés des autres en se livrant pour eux ; cette idée existait bien un peu chez les païens, témoin l'histoire de Prométhée, on ne la rencontre pas chez les Juifs. Pour les Juifs, l'homme était si peu de chose devant Dieu que sa souffrance et sa mort n'étaient pas capables d'expier les péchés. Aussi, ce passage d'Isaïe, que le Messie a été livré pour les péchés des hommes, indique non seulement la Passion du Messie, mais même sa divinité, parce qu'il fallait que le Messie fût Dieu pour que sa mort pût expier le péché.

Toutes ces explications sont vaines, toutes ont disparu devant l'événement ; et, aujourd'hui que nous lisons dans l'Évangile le récit de la Passion, nous voyons avec certitude, avec clarté, que c'est bien la Passion qu'annonçait Isaïe. Cette énigme qui se posait devant la pensée des Israélites : Comment peut-il se faire que le Messie soit à la fois glorieux et humilié, qu'il soit éternel et qu'il meure ? cette énigme est résolue pour nous ; le Messie s'est humilié d'abord, il a bu le calice de la Passion, il a passé par les humiliations les plus profondes, il est mort, il est ressuscité, il est arrivé à la gloire en traversant les souffrances. Voilà ce qu'Israël n'avait pas compris, et voilà ce que nous comprenons ; voilà ce qui nous prouve évidemment l'existence de cette prophétie et son caractère surnaturel.

Indépendamment de la Passion de Notre-Seigneur, il y a d'autres traits, d'autres caractères de la religion chrétienne inconnus des Juifs, dont les prophètes parlent avec une grande clarté.

La résurrection de Notre-Seigneur est annoncée dans un passage auquel saint Pierre fait allusion : « Vous ne laisserez point votre saint éprouver la corruption (1) ». Et, comme le fait remarquer saint Pierre, tous les prophètes, David lui-même, ont été mis dans le tombeau, leur corps a subi le sort qui est réservé à tous les corps humains : il est tombé dans la corruption, dans la pourriture. Il n'y en a qu'un seul qui soit mort et qui n'ait point passé par la corruption : c'est le Christ qui est ressuscité (2).

L'ascension de Notre-Seigneur, et en même temps sa divinité sont très clairement annoncées dans un psaume, le psaume CIX^e que nous chantons aux vêpres : « Jéhovah a dit à mon Seigneur : Assieds-toi à ma droite, jusqu'à ce que j'aie mis tes ennemis comme ton marchepied ». Jamais, dans l'ancien Testament, où est manifestée, d'une manière si évidente, l'immense distance qui sépare le créateur de la créature, le Créateur ne dit à une créature : Mets-toi à ma droite. Ce texte indique la divinité du Messie, il indique aussi ce que nous affirmons dans le symbole, que Notre-Seigneur est assis à la droite de Dieu après son ascension.

L'établissement d'une nouvelle religion, d'une religion différente de la religion juive, différente du culte lévitique, cette idée qui choquait si gravement les Israélites, qui répugnait à leur esprit, à laquelle ils ne pouvaient pas s'accoutumer, car ils prétendaient avoir à eux seuls le monopole de la vérité ; cette idée est indiquée aussi dans les prophètes. Isaïe nous dit que Jéhovah prendra ses prêtres et ses lévites parmi les peuples des îles lointaines (3). Aux prêtres d'Israël qui accomplissaient leurs cérémonies d'une manière irrégulière, incomplète, Malachie dit au nom de Dieu, ou Dieu dit par Malachie : « Je ne

(1) Ps. xv, 10.
(2) Act. Ap., ii, 29-32.
(3) Isaïe, lxvi, 21.

recevrai plus de présents de vos mains, car de l'Orient à l'Occident me sera offert un sacrifice pur dans toutes les nations (1) ». Ici, le nouveau sacrifice de l'Eucharistie est annoncé comme devant remplacer l'ancien. Jérémie parle d'une alliance nouvelle que Dieu fera avec son peuple, non plus comme l'alliance du Sinaï qui a été gravée sur la pierre, mais en mettant ses paroles dans leurs cœurs et par une religion spirituelle et élevée. Et les prophètes, les psaumes nous annoncent aussi que les cérémonies de l'ancienne loi, quoiqu'elles fussent ordonnées par Dieu, étaient impuissantes à le satisfaire et ne lui plaisaient pas, et qu'il y aurait une loi supérieure : « Les holocaustes et les sacrifices ne vous ont pas plu : alors j'ai dit : Me voici pour accomplir votre volonté (2) ». C'est le Messie qui annonce qu'il doit remplacer tous les sacrifices. Et, du reste, dans toutes les paroles des prophètes, on voit que le culte lévitique, le culte des sacrifices est considéré comme inférieur, comme quelque chose qui doit passer, qui doit céder la place à un culte plus élevé.

Enfin, nous trouvons aussi l'indication, moins frappante, peut-être, mais cependant assez marquée, de ce grand fait qui était aussi difficile, plus difficile encore qu'aucun autre à faire accepter, c'est-à-dire la réprobation du peuple d'Israël. Isaïe nous dit que le peuple sera aveuglé, que voyant ils ne verront pas, qu'entendant ils n'entendront pas, et que cela durera jusqu'à ce que la réprobation soit complète (3). Daniel nous annonce que la ville et le sanctuaire seront détruits après la mort du Messie. D'autres prophètes disent qu'Israël sera sauvé, mais qu'il n'en sera sauvé que des restes ; et Isaïe compare ces restes aux quelques raisins qui subsistent sur une vigne après la vendange (4). Voilà, dit-il, ce qui sera sauvé. Et déjà Moïse, dans le Deutéro-

(1) Malach., i, 11.
(2) Ps. xxxix, 7, 8.
(3) Isaïe, v, 10-12.
(4) Isaïe, xxiv, 13.

nome, avait annoncé aux Israélites ce qui arriverait dans les derniers temps. Il l'avait annoncé, il est vrai, sous forme de menace au cas où les Israélites seraient infidèles, mais cette menace est pour ainsi dire si absolue qu'elle prend presque la forme d'une prophétie. Il leur annonce qu'ils seront dispersés chez tous les peuples, que là ils n'auront aucun repos, qu'ils seront toujours dans la peine, toujours poursuivis d'un lieu à un autre. Il leur annonce aussi qu'ils seront renvoyés en Égypte sur des vaisseaux et vendus comme esclaves, et qu'il n'y aura pas d'acheteurs pour les acheter, tant sera grand le nombre de ceux qui seront vendus (1). Et c'est ce qui arriva au temps de Titus, lorsque Jérusalem fut détruite.

Ainsi, de tous côtés, lorsque nous parcourons les livres des prophètes, nous trouvons l'indication de ces grands événements qui devaient s'accomplir. Le tableau de l'avenir, dont nous avons vu, la dernière fois, les grands traits, se complète de plus en plus ; en comparant ce tableau avec ce que nous montre l'histoire, nous découvrons un accord merveilleux, et, de nouveau, nous pouvons dire que cet accord n'est pas l'effet du hasard, car, plus les traits sont nombreux, plus ils sont complexes, plus il y a de coïncidences multiples, moins il est possible que le hasard explique cet accord.

De nouveau, nous pouvons dire que cet accord n'est pas l'effet de la prévision humaine. Comment aurait-on pu prévoir, plusieurs siècles à l'avance, des faits qui sont pour ainsi dire incroyables quand ils sont accomplis, comme le triomphe de Notre-Seigneur par sa croix et ses souffrances ?

De nouveau, nous pouvons dire : Ce n'est point l'influence des prophéties, des prophètes et de leur croyance qui a pu produire cet accord, car qui sont ceux qui ont accompli ces prophéties ? Ce sont ceux qui ne croyaient pas. Si les Pharisiens avaient su

(1) Deuteronome. XXVIII.

qu'en crucifiant le Messie, ils le sacraient roi des âmes, ils établissaient son triomphe, certainement ils ne l'auraient point crucifié. Et ce ne sont pas les prophéties qui ont appris aux soldats romains à partager les vêtements de Notre-Seigneur, ou même aux Pharisiens à l'insulter par les paroles mêmes que nous lisons dans Isaïe.

Ainsi, de toutes parts, nous voyons se manifester cette puissance de Dieu; de toutes parts, nous voyons que ces prophéties ne peuvent s'expliquer que par la prescience d'un Dieu à qui l'avenir est présent et qui est maître de l'avenir.

Et remarquez-le, les objections ici se tournent pour ainsi dire en preuves. Plus nous avançons, plus la méthode que j'ai exposée se vérifie, plus nous voyons que les prophéties, obscures avant l'événement, s'éclaircissent quand l'événement est accompli. Et puis, nous voyons qu'alors elles deviennent de plus en plus solides comme preuves de l'action divine. Et si l'on objecte que nous recueillons des traits de diverses prophéties, que nous les cherchons dans différents auteurs pour les rapprocher, pour les réunir, pour les faire converger vers le Christ, nous dirons que cela est facile à expliquer, et que cela prouve une seule chose : c'est que le même Esprit s'est répandu sur ces prophètes ; que l'Esprit divin s'est servi d'eux comme instruments ; que, réunissant lui-même les traits du tableau, il a dicté à chacun des prophètes quelqu'un des traits de ce tableau de l'avenir qui est aujourd'hui sous nos yeux. Si ce tableau eût été l'œuvre d'un seul prophète, on pourrait dire que ce prophète l'a imaginé, qu'il l'a inventé ; mais comme ces traits sont tirés de différents endroits et qu'ils sont tracés par différents auteurs dans différents livres, nous découvrons là l'unité de l'Esprit qui a inspiré tous les prophètes. Si l'on ajoute que ces prophètes ne comprenaient pas eux-mêmes tout ce qu'ils disaient ; que, souvent leur texte a l'air de s'appliquer à autre chose, à un événement plus prochain que celui qu'il annonce, ici encore nous voyons l'action divine ; ici encore nous voyons Dieu parlant par des instruments qui ne savent pas eux-mêmes ce qu'ils doivent faire ; et plus, dans ces textes, certains détails paraissent fortuits, plus leur accord, dans l'annonce des mêmes événements futurs, révèle l'action d'une intelligence souveraine qui a tout prévu, tout coordonné, tout rassemblé. Il se passe là quelque chose de semblable à ce que nous admirons dans la nature physique : nous découvrons quelquefois des fins cachées vers lesquelles tendent certains êtres sans le savoir, et nous reconnaissons qu'ils sont conduits par l'intelligence suprême. Quand nous voyons des animaux travailler pour une postérité qu'ils ne connaîtront pas, — comme font certains insectes, — et apporter eux-mêmes la nourriture pour ces êtres qu'ils ne peuvent pas aimer, car ils doivent mourir avant que ces êtres apparaissent, c'est qu'une raison supérieure les conduit. Eh bien, de même dans ces textes prophétiques, au lieu de voir des traits qui se rapportent à des événements présents, nous voyons des traits qui s'appliquent directement à ces événements inconnus qui devaient s'accomplir six siècles plus tard, et nous disons : Le doigt de Dieu est là ; nous reconnaissons le sceau de l'intelligence suprême qui, seule, a pu dicter de telles paroles aux prophètes.

Restons donc fermes dans les enseignements qui nous ont été donnés ; croyons que la preuve tirée des prophéties n'a rien perdu aux progrès de la critique et de l'étude de la sainte Écriture ; que si certains textes, d'un sens plus ou moins douteux, ont pu être discutés et écartés, d'autres apparaissent plus éclatants et plus solides ; que, plus on compare le tableau tracé dans les prophètes et le tableau que l'histoire nous trace, plus on met les événements en face les uns des autres pour saisir leur accord, plus on reconnaît que cet accord ne peut venir que de la pensée même de Dieu qui annoncé l'avenir et de la puissance de Dieu qui a accompli ce qu'il avait annoncé. Contemplons donc ce tableau des prophéties, et principalement ce tableau de la Passion de Notre-Seigneur qui doit toucher notre cœur en même temps qu'il éclaire notre intelligence. Regardons dans Isaïe, mais regardons aussi dans l'Evangile cette victime sainte qui a souffert pour nos péchés et par les meurtrissures de laquelle nous avons été guéris ; cet Agneau conduit à la boucherie et qui n'a point ouvert la bouche ; ce roi qui triomphe dans le monde, mais qui triomphe par la croix, qui triomphe par ses souffrances, qui s'élève au faîte de la gloire et attire l'adoration des hommes après avoir passé par les plus profondes humiliations. Méditons souvent sur cette parole qu'il a prononcée, qu'il a empruntée presque textuellement au prophète Isaïe, et qui a été si merveilleusement, si miraculeusement accomplie : « Et moi, quand je serai élevé sur le gibet, j'attirerai tout à moi : *Et ego quum exaltatus fuero a terra, omnia traham ad meipsum* (1). »

(1) Joan, xii, 32.

TABLE DES MATIÈRES

Imprimerie Bussière. — Saint-Amand (Cher).